L'espagnol est un jeu

DANS LA MÊME SÉRIE

Le français est un jeu, Librio n° 672
L'histoire de France est un jeu, Librio n° 813
L'anglais est un jeu, Librio n° 814
La science est un jeu, Librio n° 815
La mythologie est un jeu, Librio n° 834
La littérature est un jeu, Librio n° 837
La philo est un jeu, Librio n° 860

Sylvie Favier

L'espagnol *est un jeu*

Jeux et questions pour réviser son espagnol

Librio

Inédit

La collection *est un jeu* est dirigée
par Pierre Jaskarzec

Pour Salomé

Merci à Anita Salas, Felomena Gobbé,
Isabelle Roissard et Nathalie Delacour pour leur
relecture attentive. Merci à Pascal, Laurent, Julie,
Samuel et à mes proches pour leurs encouragements.

Sommaire

Introduction 7

1. ¿ Couacomékiki ? – Preguntar / Poser des questions .. 9
2. ¿ Ser o no ser ? – Ser, estar / Être 18
3. Hay que comer para vivir – ¡ A comer ! / À table ! 27
4. La vida es sueño – Subjuntivo subjectivo / Subjonctif subjectif 34
5. ¡ Tierra ! ¡ Tierra ! – Viajar sin perderse / Voyager sans se perdre 42
6. Nadie es perfecto – Pretérito, pretérito perfecto, imperfecto / Passé simple, passé composé, imparfait . 51
7. Tout est relatif – Demostrativos y relativos / Démonstratifs et relatifs 60
8. El hábito no hace al monje – Prejuicios perjudicantes / Préjugés nuisibles 67
9. Lo importante es participar – Progresar divirtiéndose / Progresser en s'amusant 75
10. ¡ Madre mía ! – Yo y los míos / Moi et les miens 83

Index des notions grammaticales 95

Introduction

Vous avez décidé de prendre espagnol LV2 en voyant vos aînés de classe de 4ᵉ être accueillis en cours par une prof exotique qui lançait de dynamiques « hola, ¿ qué tal ? », telle une hôtesse de l'air Iberia à l'entrée d'un A321. Vous pensiez *facilo l'espagnolo*, puisque votre père installait la caravane sur le bon emplacement au camping El Sol de Marbella, que vous compreniez parfaitement la concierge quand elle vous criait « ¡ la puerta por favor ! » et que *L'Auberge espagnole* de Klapisch vous avait fait rêver. Et vous avez bien fait de prendre espagnol LV2 car vos premières notes furent tout à fait encourageantes... jusqu'à ce que votre charmante prof exotique décide de vous entraîner dans les dédales obscurs de la grammaire hispanique plutôt que de vous initier au flamenco.

Aïe ! Comment se fait-il que ce peuple ibère si festif utilise encore – et pas que dans les raouts madrilènes – le subjonctif imparfait ? Pourquoi ces Méditerranéens si chaleureux se compliquent-ils la vie avec dix pronoms sujets qui, de plus, ne se placent pas forcément devant le verbe ? Pourquoi diantre ont-ils deux verbes être *ser* et *estar*, deux verbes avoir *haber* et *tener*, et foison de démonstratifs auxquels vous accordez le plus souvent une place au pif dans vos phrases ?

Autant de points qui vous donnent du fil à retordre, et pendant que votre pétillante prof brune vous fait tourner la tête quand elle roule les *r* (effets possibles aussi avec un prof aux allures d'hidalgo), vous vous sentez ridicule à imiter le pigeon devant vos petits camarades. Bref, vous savez bien qu'il ne suffit pas de mettre des *o* ou des *a* à la fin des mots pour parler espagnol, et vous vous sentez peu glorieux à faire votre Obélix en Ibéria. Mais détrompez-vous : l'espagnol est toujours à votre portée ! La bonne fée grammaire latine qui s'est penchée sur son berceau nous a légué une langue passionnante, riche, nuancée et multiple. La langue espagnole aura été bien gâtée, car la bonne fée culture arabe lui a laissé aussi un bel héritage : la fameuse « jota » qui vous arrache les amygdales dans un raclement peu élégant... un vocabulaire abondant... et bien sûr une superbe architecture moresque.

À travers une série d'exercices ludiques, ce livre vous aidera à dépoussiérer vos connaissances, à mettre au placard vos mauvais réflexes linguistiques et à parfaire vos acquis. Vous trouverez dans chaque chapitre des solutions commentées et un tableau lexical. Les chapitres peuvent être lus dans l'ordre ou dans le désordre. L'index grammatical en fin d'ouvrage permet de naviguer d'un point à l'autre selon vos envies et vos besoins. Avec tout cela, vous serez prêt pour écrire une lettre au fan-club de « un, dos, tres », lire Cervantès dans le texte ou avoir le plaisir de communiquer avec les peuples hispano-américains.

¡ Adelante !

Sylvie FAVIER

1

¿ Couacomékiki ?[1]

Preguntar / Poser des questions

Poser des questions... répondre à celles qu'on nous pose : voilà un rite de communication que nous, humains, accomplissons régulièrement. Si vous êtes un humain, ce chapitre peut vous être très utile.

En ce mois de juillet, dans le train Paris-Madrid, Alice partage son coquet compartiment marron avec un couple de retraités espagnols peu loquaces. Rien de palpitant en vue, aussi décide-t-elle de se rendre au wagon-restaurant où elle rencontre une mystérieuse personnalité hispano-américaine dont vous devrez deviner l'identité.

Au fil de leurs échanges, vous pourrez réviser quelques emplois de prépositions, les mots interrogatifs, des verbes courants au présent...

Et pour ne pas rester en panne sur la voie ferrée, n'hésitez pas à consulter notre tableau lexical !

Mystérieux voyageur

Dans la liste ci-dessous, choisissez la préposition appropriée pour chacune des phrases à compléter :

a – con – para – en – por – de – Ø

ALICE : Buenos días ¡ Qué suerte encontrarte ! ¡ No me lo puedo creer ! Me llamo Alicia y soy francesa. Así que vas (1)....... Madrid también.

---

1. En bon espagnol : ¿ Cuándo se come aquí ? Voir la leçon d'espagnol d'Averell dans *Tortillas pour les Dalton*, de Morris et Goscinny.

LA ESTRELLA : Encantado, Alicia. Sí, voy (2)...... visitar (3)...... un amigo mío, director.

ALICE : ¿ Director de empresa ?

LA ESTRELLA : ¡ Qué no ! Es director de cine, Pedro es español y aprovecho (4)...... una estancia en España para disfrutar (5)....... unos días (6)....... él (7)..... Madrid.

ALICE : ¿ Te gusta España ?

LA ESTRELLA : Claro, me gusta mucho España. Europa es otro mundo.

ALICE : Por supuesto sueles viajar mucho. ¿ Cuántos idiomas sabes hablar ?

LA ESTRELLA : Aprendí inglés, italiano y francés (8)..... viajando y (9)...... trabajando con actores extranjeros. Cuando tenía diez y nueve años recorrí durante tres meses el Viejo Continente y por fin fui (10)..... Londres.

ALICE : Sé que no eres español. Pero, ¿ de dónde eres ?

LA ESTRELLA : Soy de México. Nací (11)..... Guadalajara el 30 (12)..... noviembre (13).... 1978.

ALICE : ¿ Cuánto tiempo viviste (14)..... Londres ?

LA ESTRELLA : Bueno, unos tres años. Me gustaba mucho vivir allá.

ALICE : ¿ Qué hacías en Inglaterra ?

LA ESTRELLA : Pues (15)...... ganarme la vida, trabajé (16)..... albañil, camarero, modelo. Cosas muy distintas de las que hago hoy día. Pero fue una experiencia provechosa y creo que me permite (17)........ enriquecer mi trabajo de actor. Luego ingresé en la prestigiosa Central School of Speech and Drama de Londres.

ALICE : ¿ Pensabas un día ser una persona tan famosa ?

LA ESTRELLA : Nunca busqué la fama, (18)......... mí lo esencial es mi pasión (19)...... la actuación.

ALICE : Pues bien, vamos (20)....... hablar de tu filmografía ¿ Cómo fueron tus principios en el universo del cine ?

LA ESTRELLA : ¡ Hombre ! Fue una experiencia muy divertida, tenía nueve años y actué en la telenovela *Teresa*[1] con Salma Hayek. Es mi primer recuerdo, porque empecé realmente en la actuación (21)...... los cinco años, pero claro, no recuerdo (22)..... aquella época.

ALICE : (23)...... ser actor, ¿ influyeron tus padres tu carrera ?

---

1. Il s'agit d'une série télévisée mexicaine, un *soap opera*.

La estrella : Nunca mis padres me obligaron y decidí solo (24)..... ser actor. Mis hermanos siguieron otros caminos.

Alice : ¿ Eres un actor comprometido ?

La estrella : (25)...... mi desempeño en roles como el de Ernesto Che Guevara en la película *Diarios de motocicleta* o (26).... mi lucha contra el sida, la prensa va exagerando mucho eso. Me parece importante usar de mi fama para denunciar por ejemplo la violencia en México, pero al fin y al cabo, no me defino como un actor comprometido.

Alice : Bueno, (27)........ terminar, puedes decirnos algo de tus proyectos.

La estrella : ¡ Uy !, hay tantos. Acabo (28)..... finalizar mi primer proyecto como director y ahora, ¡ (29)..... descansar !

Alice : Pues, muchas gracias (30)...... tu paciencia y que te lo pases bien en Madrid.

La estrella : Gracias a ti, y buenas vacaciones. ¡ Disfruta ! Hasta luego.

Une panne de vocabulaire ?

Una estrella : *une étoile* (ici, dans le sens de *star*), une célébrité

La suerte : *la chance*

Director de empresa : *chef d'entreprise* (« director » veut également dire *réalisateur*)

Aprovechar, disfrutar : *profiter de*

Por supuesto : *bien sûr*

Sueles viajar : *tu as l'habitude de* (« soler » + infinitif)

Recorrí : (prétérit) *j'ai parcouru* (recorrer = *parcourir*)

Un albañil : *un maçon*

Un camarero : *un serveur*

Provechosa (o) : *profitable*

Enriquecer : *enrichir*

Busqué : (prétérit) *j'ai cherché* (buscar = *chercher*)

Ha manejado : *il a utilisé* (« manejar » signifie ici *utiliser*)

Al fin y al cabo : *en fin de compte*

Comprometido : (faux ami) *engagé*

Famosa (o) : *célèbre*

Prensa va exagerando : *La presse a tendance à exagérer* (forme progressive « ir » + gérondif = *l'action se déroule peu à peu*)

Se harta de : *se lasse de, en a marre de*

¡ Hombre ! : notre star a bien vu qu'Alice est une jeune fille, « ¡ hombre ! » est dans ce cas une interjection très employée dans le langage courant qui correspond ici à *Eh bien ! Bah !* On peut l'employer avec une femme, concurremment à « ¡ mujer ! »

Actué : (prétérit) *j'ai joué un rôle* (« actuar » signifie ici *jouer un rôle*)

Actuación : ici, *le jeu de l'acteur*

Un recuerdo : *un souvenir*

Recuerdo : *je me souviens* (recordar = *se souvenir de*)

Un desempeño : *jeu, interprétation* (au cinéma)

¡ Uy ! : (interjection) *Houla !*

Descansar : *se reposer* (attention, en espagnol ce verbe n'est pas pronominal)

Algo : *quelque chose, quelque peu*

Rara (o) : (faux ami) *étrange*

Questions pour un champion

Dans la liste ci-dessous, choisissez le mot interrogatif qui permet de formuler la bonne question pour chacune des affirmations suivantes. Prenez garde aux pronoms sujets, aux formes verbales irrégulières au présent et aux prépositions !

¿ dónde ? – ¿ cuándo ? – ¿ cuánto (os, a, as) ? – ¿ quién ? – ¿ qué ? – ¿ cómo ? – ¿ por qué ? ¿ para qué ? – ¿ cuál (es) ?

a)

¿ .... ?

Tengo treinta años.

b)

¿ .... ?

Pedro Almodóvar es un famoso director español.

c)

¿ .... ?

El tren llega a las tres y veinte.

d)

¿ .... ?

Ernesto Che Guevara era de Rosario, en Argentina.

e)

¿ .... ?

Voy a Madrid.

f)

? .... ?

El director de *Diarios de Motocicleta* se llama Walter Salles.

g)

¿.. ?

Voy a la Patagonia con mi amigo Tom Cruise.

h)

¿ .... ?

Para esquiar con mi amigo Tom Cruise.

i)

¿ .... ?

Pienso que la fama es algo rara.

j)

¿ .... ?

Mis prioridades son hacer películas y divertirme.

Réponses

Mystérieux voyageur

La personnalité à découvrir était Gael García Bernal.

Alice a eu la chance de tomber sur l'acteur mexicain Gael García Bernal qui a gentiment satisfait sa curiosité de fan entre deux bouchées de sandwich. Gael García Bernal allait rendre visite à son ami Pedro Alomodóvar, réalisateur espagnol avec lequel il a travaillé (*La Mauvaise Éducation*, 2004). Il a incarné Ernesto Guevara dans *Carnets de voyage* (2004) de Walter Salles et a joué dans *Babel* (2006) du réalisateur mexicain Alejandro González Inárritu, aux côtés de Brad Pitt. *Déficit* (2008) est son premier film en tant que réalisateur.

1. vas **a** Madrid
Le verbe « ir » est suivi de la préposition « a » qui indique un déplacement vers un lieu.

2. voy **a** visitar
La tournure « ir » + « a » + infinitif exprime un futur proche, l'équivalent français de la périphrase verbale *aller* + infinitif.

3. visitar **a** un amigo
Voy a visitar a un amigo : « a » peut aussi être placé devant un complément d'objet direct qui désigne une personne déterminée.
>   Ex. : El director busca una secretaria. *Le réalisateur cherche une secrétaire.*
>   Ex. : El director busca a la secretaria atractiva. *Le réalisateur cherche la secrétaire séduisante.*

4. aprovecho **Ø** una estancia

5. disfrutar **Ø** unos días
Ces verbes se construisent sans préposition.

6. con él

7. en Madrid
La préposition « en » introduit une localisation sans déplacement.

8. aprendí inglés, italiano y francés **Ø** viajando

9. Ø trabajando

Contrairement au français *(j'ai appris en voyageant et en travaillant)*, le participe présent exprimant la simultanéité avec le verbe principal n'est pas précédé par une préposition.

> Ex. : Gael García Bernal habla comiendo un bocadillo y resulta poco sexy. *GGB parle en mangeant un sandwich et c'est peu sexy.*

10. fui a Londres

« Fui » peut être aussi bien le prétérit de « ir » que celui de « ser ». Ici, il s'agit de « ir » + « a ».

11. nací **en** Guadalajara

« En » implique une localisation sans déplacement.

12. el 30 **de** noviembre

13. de 1978

Le mois et l'année sont introduits par la préposition « de ».

14. viviste **en** Londres

Même cas que « en Madrid », « en Guadalajara » (voir réponses **7** et **11**).

15. para ganarme la vida.

La préposition « para » indique le but.

16. trabajé **de** albañil

La préposition « de » introduit la profession, la fonction. On dirait en français : *J'ai travaillé comme maçon.*

17. me permite Ø enriquecer

⚠ Le verbe « permitir » est directement suivi d'un infinitif.

18. para mí

« Para » sert à exprimer le point de vue.

19. mi pasión **por** la actuación

Le piège est de calquer l'espagnol sur le français. Nous l'avons vu, la préposition « para » exprime le but ou le point de vue et la « actuación » n'est ni l'un ni l'autre ! La préposition « por » suit ou précède des verbes, des noms ou des adjectifs qui expriment un sentiment, une idée d'effort ou de lutte.

> Ex. : *Gael García Bernal pourrait dire à Nathalie Portman en parlant de leur rupture* : « Lo hice por amor » *(Je l'ai fait par amour).*

20. vamos **a** hablar
Voir réponse **2**.

21. a los cinco años
Pas de déplacement, et pourtant c'est bien la préposition « a »
qu'il faut employer pour introduire l'âge.

22. no recuerdo **Ø** aquella época
Recordar *(se souvenir)* n'est pas pronominal et n'est pas suivi
de la préposition « de ».

23. Por ser actor
La préposition « por » a ici une valeur causale proche de *parce
que, comme*. Dans ce cas, elle est suivie d'un infinitif.
> Ex. : Por medir 1,68 m Gael García Bernal está cómodo en la
> litera. *Comme il mesure 1,68 m, GGB est à l'aise dans la
> couchette.*

24. decidí solo **Ø** ser actor
Encore un piège : « decidir » se construit sans préposition.

25. Por mi desempeño

26. por mi lucha
Les cas **25** et **26** sont semblables à « mi pasión por la actuación » (voir réponse **19**).

27. para terminar
« Para » introduit un but.

28. acabo **de** finalizar
Le verbe « acabar » signifie *terminer,* et lorsqu'il est suivi de la
préposition « de » puis d'un infinitif, il est l'équivalent de la
périphrase verbale *venir de* + infinitif.

29. ¡ a descansar !
La préposition « a » suivie de l'infinitif a valeur d'impératif.

30. por tu paciencia

Questions pour un champion

Petit rappel pour formuler des questions :
– le point d'interrogation est renversé en début de question ;
– les mots interrogatifs prennent un accent écrit ;
– le sujet est placé après le verbe ;

– le mot interrogatif peut être précédé d'une préposition, comme en français.

a) ¿ Cuántos años tienes ?
« Cuánto » s'accorde en genre et en nombre avec le nom qu'il accompagne et exprime la quantité.

b) ¿ Quién es Pedro Almodóvar ?

c) ¿ A qué hora llega el tren ?

d) ¿ De dónde era Ernesto Guevara ?
(« Era » = « ser » à l'imparfait.) Il ne faut pas oublier la préposition qui exprime ici l'origine.

e) ¿ Adónde vas ?
La préposition « a », obligatoire avec le verbe « ir », est dans ce cas collée à « dónde ».

f) ¿ Cómo se llama el director de *Diarios de Motocicleta* ?

g) ¿ Con quién vas a la Patagonia ?
Ou à la rigueur : ¿ A dónde vas ? mais ici il est beaucoup plus palpitant de savoir avec qui Bernal part en voyage plutôt que de connaître sa destination !

h) ¿ Por qué vas a la Patagonia ?
Cette question insiste sur la raison du voyage. Si l'on veut insister sur le but du voyage, on dira plutôt : ¿ Para qué vas a la Patagonia ? Subtilités à bien maîtriser pour faire carrière dans la presse people !

i) ¿ Qué piensas (ou opinas) de la fama ?
(Opinar = *penser, avoir une opinion.*)

j) ¿ Cuáles son tus prioridades ?
On emploie « cuál » au singulier. « Cuál (es) » devant le verbe « ser » correspond au français *quel(s)*. Avec d'autres verbes, « cuál (es) » signifie aussi *lequel, lesquels* et exprime le choix.

2
¿ Ser o no ser ?

Ser, estar / Être

C'est un « être » à part que celui de la langue espagnole. Deux auxiliaires « être », mais aucune raison de devenir schizophrène pour autant. Choisir entre « ser » et « estar » sera pour vous un jeu d'enfant lorsque vous aurez révisé quelques usages fondamentaux. Ayez en tête l'essentiel : « ser » est lié à tout ce qui caractérise et définit ; « estar » rend compte d'un résultat et d'une situation particulière. Pour bien utiliser ces deux verbes, il faut donc cerner la nature et la fonction des mots qui les suivent. Ne plus être le Hamlet de la grammaire espagnole, tel est l'objectif de ce chapitre !

Incontournable classique

Dans un premier temps, vous allez classer ce qui est « ser » ou « estar » chez Don Quijote. Mettez une croix dans la colonne qui convient. En cas d'hésitation sur le sens des mots, aidez-vous du tableau lexical, page 21.

DON QUIJOTE	ES	ESTÁ
un hidalgo		
delgado		
español		
en Rocinante		
de la Mancha		
soñando		

enamorado de Dulcinea		
para combatir los molinos		
llevado por Sancho Panza al hospital		
él quien manda		
idealista		

L'être de vacances

Après avoir remis un peu d'ordre dans vos doutes existentiels, vous pouvez maintenant aider Pablito, en vacances chez mamie Pilar, à rédiger une lettre à son frère Juan. Complétez par « ser » ou « estar » en les conjuguant comme il convient.

Querido Juan,

(1).......... las vacaciones, (2)............. [nosotros] en agosto y pasar las vacaciones en casa de la abuela, (3)...... una pesadilla. ¡ Vaya rollo ! Claro, su paella (4)..... rica pero después de cinco días comiendo paella, yo (5)........ malo. La abuela (6)..... profesora incluso durante las vacaciones, así se le ocurrió darme clases de matemáticas por la mañana y (7)...... agotador. Abuela dice que yo (8)........ avispado pero vago también. Me cuesta un esfuerzo sobrehumano hacer las tareas y repasar. (9)...... las cinco y media y la abuelita (10)........... tomando el té con unas amigas suyas y (11)...... increíble el ruido que (12)....... haciendo. (13)........ yo en el jardín y ellas en la cocina y las oigo perfectamente, (14)..... cuatro viejitas sordas como una tapia. Pero (15)...... peor cuando escuchan ellas canciones de Julio Iglesias a tope. Sin embargo, un buen plan para mañana ya que voy a la playa con el tío Esteban, y si él (16)......... de acuerdo, iremos a pescar. Ya ves Juanito, yo (17).......... deprimido. Pero bueno hoy (18)....... lunes 12 de agosto y dentro de una semana me voy, por fin.

Me alegra verte dentro de una semana. El tema (19)...... aguantar la última semana sin matar a la abuelita.

Un beso.

Pablito.

L'insoutenable légèreté de l'être

Vous voilà prêt à corriger la lettre de Julien qui veut se séparer de sa correspondante espagnole Cecilia. Il voudrait rompre en douceur, mais ses hésitations sur « ser » et « estar » risquent de provoquer une terrible crise diplomatique ! En effet, certaines expressions utilisées avec « ser » ou « estar » ont des significations bien distinctes. En vous aidant du tableau lexical, choisissez la forme qui convient. Attention, à chaque erreur vous ferez de Julien un affreux goujat !

Querida Cecilia,

Lo siento, lo nuestro se acabó. **(a) Eres / Estás** guapa y eres una chica super simpática, pero creo que no **(b) eres / estás** lista. Yo tampoco. Somos muy jóvenes, estoy en Francia, estás en España. **(c) Soy / Estoy** violento, me cuesta escribirte esta carta. Me da pena si **(d) eres / estás** negra.
Cuídate, Cecilia.

Un beso.

Julien.

Une panne de vocabulaire ?

Delgado : *maigre*

Soñando : gérondif de « soñar »
  (rêver)

Manda : il commande (mandar
  = *commander*)

¡ Vaya rollo ! : *quelle barbe !*

Una pesadilla : *un cauchemar*

Incluso : *même, y compris*

Se le ocurrió : *elle a eu l'idée de*

Agotador : *épuisant*

Avispado : *vif, éveillé*

Vago : *fainéant, flemmard*

Las tareas : *les devoirs*

Repasar : *réviser*

El ruido : *le bruit*

Viejitas : viejas *(vieilles)* avec le
  diminutif « itas » = *petites
  vieilles*

Sordas como una tapia : *sourdes
  comme un pot*

A tope : *à fond*

El tío : *l'oncle*

Me alegra + infinitif : *je me
  réjouis de* + inf.

Aguantar : *supporter*

Sin : *sans*

Matar : *tuer*

Lo siento : *je suis désolé(e)*

Lo nuestro se acabó : *notre
  histoire est terminée, c'est fini*

Guapo (a) : *joli(e)*

Listo (a) : *prêt(e)* ou *intelligent(e)*
  (cela dépend si l'adjectif est
  précédé de « ser » ou de
  « estar »)

Yo tampoco : *moi non plus*

Violento : *être mal à l'aise* ou *être
  violent* (cela dépend de
  l'auxiliaire « être » qui le
  précède)

Una carta : *une lettre* (una postal
  = *une carte postale*)

Me da pena : *j'ai de la peine*

Negro (a) : *être en colère* ou *être
  noir(e)* (toujours en fonction
  de l'auxiliaire « être » qui
  précède)

Cuídate : *prends soin de toi*

21

Réponses

Incontournable classique

Au début du XVIIᵉ siècle, Miguel de Cervantès crée le personnage de Don Quichotte, archétype de la bravoure, de l'idéalisme et de la lutte pour les nobles causes... perdues. Accompagné de son écuyer Sancho Pança, le vieil hidalgo décide de devenir chevalier errant et de parcourir la Mancha pour sauver les opprimés. Mais aux yeux de tous, il n'est qu'un vieillard que l'abus de littérature chevaleresque a rendu fou.

Es un hidalgo
On emploie « ser » devant un indéfini, un nom commun ou un nom propre.
> Ex. : Don Quijote, ¡ póngase las gafas ! Eso no es un gigante sino un molino. *Don Quichotte, mettez vos lunettes ! Ceci n'est pas un géant mais un moulin.*

Es delgado
On emploie « ser » pour désigner les caractéristiques physiques propres à un sujet.
> Ex. : Sancho Panza es tan regordete como el sargento García. *Sancho Pança est aussi rondouillard que le sergent García.*

Es español
On emploie « ser » pour désigner la nationalité et en général tout ce qui touche à l'identité (profession, religion, etc.).
> Ex. : La tequila es mejicana, el jerez es español y la caïpirinha es brasileña. *La tequila est mexicaine, le jerez est espagnol et la caïpirinha est brésilienne.*

Está en Rocinante (Rocinante est le nom du cheval de Don Quichotte)
« Estar » s'utilise pour indiquer la situation dans l'espace.
> Ex. : Don Quijote, está usted en un albergue y no en un castillo, pues aparte su espada. *Don Quichotte, vous êtes dans une auberge et non dans un château, rangez donc votre épée.*

Es de la Mancha
On emploie « ser » pour marquer la provenance, l'origine.
> Ex. : La estatua de la Libertad no representa a Don Quijote

porque no es él de Nueva York. *La statue de la Liberté ne représente pas Don Quichotte car il n'est pas de New York.*

Está soñando
« Estar » suivi du gérondif traduit une action qui est en train de se dérouler ; c'est une forme progressive.

> Ex. : Mientras Sancho está arreglándose las uñas, Don Quijote está salvando la humanidad. *Pendant que Sancho se fait les ongles, Don Quichotte est en train de sauver l'humanité.*

Está enamorado de Dulcinea
« Estar » s'utilise devant un participe passé pour exprimer un état résultant d'une situation particulière.

> Ex. : Don Quijote está desesperado porque Dulcinea no contestó a su correo electrónico. *Don Quichotte est désespéré parce que Dulcinée n'a pas répondu à son courriel.*

Está para combatir los molinos
« Estar para » + infinif signifie *être sur le point de* + inf.

> Ex. : Estoy para comprender los distintos usos de « ser » y « estar », ¡ pues no me interrumpas !

Je suis sur le point de comprendre les différents usages de « ser » et « estar », alors ne m'interromps pas !

⚠ « Ser para » exprime la finalité, le but.

> Ex. : Este regalo es para Dulcinea. *Ce cadeau est pour Dulcinée.*

Es llevado por Sancho Panza al hospital *(il est amené à l'hôpital par Sancho Pança)*
« Ser » exprime une action en cours à la voix passive.

> Ex. : Dulcinea es imaginada por don Quijote para embellecer su rutina de caballero andante. *Dulcinée est imaginée par Don Quichotte pour embellir sa routine de chevalier errant.*

Es él quien manda
« Ser » s'utilise devant un pronom.

> Ex. : Don Quijote soy yo y Hamlet es él. *Don Quichotte c'est moi et Hamlet c'est lui.*

Es idealista
On emploie « ser » pour désigner les traits de caractère, la nature même du sujet.

> Ex. : Al fin y al cabo, esta novela es apasionante y moderna, te la recomiendo. *En fin de compte, ce roman est passionnant et moderne, je te le conseille.*

L'être de vacances

1. Son las vacaciones
On utilise « ser » devant un nom, puisque la fonction première de *ser* est de définir.

2. estamos en agosto
L'auxiliaire « estar » permet de situer dans le temps.

3. es una pesadilla
Voir réponse **1**.

4. está rica
Un piège ! « Estar rico » signifie *être bon, savoureux* ; « ser rico » signifie *être riche.*

5. estoy malo
Un autre piège ! « Estar malo » : *être malade* ; « ser malo » : *être méchant.*

6. es profesora
On utilise « ser » pour indiquer la profession.

7. es agotador
On emploie « ser » pour traduire les présentatifs *c'est, c'était, ce sera....* Mais attention aux exceptions : « está bien », « está mal », « está claro » *(c'est bien, c'est mal, c'est clair).*

8. soy avispado
« Ser » se place devant un adjectif qui caractérise un sujet (défauts, qualités propres au sujet).

9. Son las cinco
« Ser » s'emploie pour mentionner l'heure.

10. está tomando
« Estar » suivi du gérondif est la forme progressive *être en train de* + infinitif.

11. es increíble
Voir réponse **7**.

12. están haciendo
Voir réponse **10**.

13. estoy yo en el jardín
On utilise « estar » pour situer dans l'espace.

14. son cuatro
Un numéral est précédé de l'auxiliaire « ser ».

15. es peor
Voir réponses **7** et **11**.

16. está de acuerdo
Pour l'expression *être d'accord*, on utilise « estar » : estar de acuerdo, estar conforme (même sens).

17. estoy deprimido
On utilise « estar » devant un adjectif ou un participe passé lorsque celui-ci rend compte d'un état dû à une situation particulière. Et être en vacances chez mamie Pilar, c'est très particulier !

18. es lunes 12 de agosto
On emploie « ser » pour introduire une date.

19. es aguantar
On utilise « ser » devant un infinitif.

L'insoutenable légèreté de l'être

a. Eres guapa
« Estás guapa » peut se dire aussi, mais dans ce cas le compliment insiste sur une situation particulière.
>   Ex. : ¡ Qué guapa estás, Cecilia, con esa falda ! *Comme tu es jolie, Cecilia, avec cette jupe !*

Dans sa lettre, Julien doit employer « ser » pour dire à Cecilia qu'elle est jolie, par nature, et même dans son jogging jaune poussin !

b. estás lista
Si vous avez choisi « eres », vous avez fait une jolie boulette !

« Ser listo (a) » signifie *être intelligent(e)* et « estar listo (a) » *être prêt(e)*.

c. Estoy violento
Notre Julien est un brave garçon ! Il n'est pas une brute épaisse (« ser violento » : *être violent*), il est juste mal à l'aise (« estar violento »)... Ouf !

d. estás negra
Pour éviter un fâcheux malentendu, retenez donc que « ser negro (a) » signifie *être noir(e)* (de peau) et « estar negro (a) » *être en colère*.

3

Hay que comer para vivir

¡ A comer ! / À table !

Si vous allez faire un tour en Espagne, vous verrez que nos voisins ne sont pas en reste dans l'art de flatter les papilles gustatives. Mais vous devrez d'abord faire bombance d'exercices avant de vous mettre les pieds sous la table ! Choisir son menu, se faire comprendre du serveur et bien se tenir à table, voilà qui devrait vous aider à ne pas perdre une miette des saveurs espagnoles. De plus, ce chapitre vous permettra de réviser l'impératif et la défense... à toutes faims utiles !

À la carte

Voici la commande de la famille Comecomocuatro au restaurant « Casa Pablo ». Attention, un intrus qui ne se mange pas s'est glissé dans la fiche du serveur.

CASA PABLO
1 huevos duros con mahonesa
1 caldo gallego
1 gazpacho
1 chuletas de cordero
1 pizza
1 salmón a la plancha
1 menestra de verdura

1 arroz
1 patatas fritas
1 queso
1 helado de chocolate
1 jabón de vainilla
1 soda
1 copa de vino tinto
1 agua con gas

En fonction des indices donnés sur les goûts de chaque membre de la famille, retrouvez ce que chacun va manger et boire, et complétez le tableau suivant. Vous pouvez vous aider du tableau lexical, mais faites attention aux pièges !

- Isabel se compró ese traje de baño, a pesar de que sólo quedaba uno en 38... alcohol, azúcar, feculentos y grasas... ¡ Ni hablar !
- Hector va a consultar al dentista mañana por la mañana. Le duele una muela cuando se come algo frío.
- Ana ya no come carne desde que vio la película *Haníbal el Caníbal*. Por eso, le da asco lo que va a comerse su padre. Pero ser vegetariana no impide los riesgos de obesidad... ¡ Vaya golosa !

	de primero	de segundo	de postre	bebida
Madre (Isabel)				
Padre (Hector)				
Hija (Ana)				

C'est bon de se comprendre

Dans la première liste ci-dessous figurent les questions et remarques du serveur. La seconde liste comporte les répliques du client. Pour obtenir un échange cohérent, faites correspondre chaque phrase du serveur à une phrase du client en inscrivant le bon numéro dans chaque case.

El camerero :
1. ¿ Qué quieren tomar ?
2. ¿ Quieren alguna tapa ?
3. ¿ Con qué acompañamiento ?
4. ¿ Qué desea usted de segundo ?
5. De postre, le recomiendo la crema catalana.
6. ¿ Algo más, señor ?
7. ¿ Desean entremeses ?
8. ¿ Cuántos son ustedes ?
9. ¿ Le traigo la cuenta, señora Buendia ?

10. ¿ Le gusta la sopa ?
11. Aquí tienen la carta.

El cliente :
❐ Pisto manchego.
❐ Bueno, yo prefiero fresas con nata.
❐ Quiero una ensalada de tomate.
❐ A ver qué podemos comer.
❐ Somos tres.
❐ Dos cañas por favor.
❐ Pues, si no hay otra alternativa, Víctor.
❐ Sí, está riquísima.
❐ Sí, pónganos algo de picar para empezar.
❐ Un café solo, por favor.
❐ Merluza a la vasca.

Bien se tenir à table : c'est impératif !

Pas facile de faire manger le petit Quique : sa grande sœur a bien du mal à lui inculquer les bonnes manières ! Dans la liste suivante, mettez les infinitifs au mode impératif ou à l'impératif négatif (la défense). Quique ne retiendra sans doute pas la leçon, mais vous, vous retiendrez le vocabulaire courant de la table !

Ex. 1 : Tirar la cuchara → No tires la cuchara *(Ne jette pas ta cuillère).*
Ex. 2 : Quedarse quieto → Quédate quieto *(Reste tranquille).*

Remarque 1 : À l'impératif vous devez respecter l'enclise (le pronom s'attache à la fin du verbe). Pour la défense (ou impératif négatif), il n'y a pas d'enclise.
Remarque 2 : Attention aux verbes à diphtongue (la voyelle est en caractère gras et soulignée).

1. Romper el vaso →
2. Escupir en el plato →
3. Correr el cuchillo para cortar →
4. C**e**rrar la boca cuando estás comiendo →
5. C**ó**merselo todo →
6. Dar de comer al perro →
7. J**u**gar con la comida →
8. Comer los medicamentos de la abuelita →

29

9. Utilizar la servilleta →
10. Sonarse la nariz en el mantel →
11. Sacar ese tenedor de mi ojo →

Une panne de vocabulaire ?

Huevos : *œufs*
Caldo gallego : *bouillon, soupe à la galicienne*
Gazpacho : *soupe froide andalouse*
Chuletas de cordero : *côtelettes d'agneau*
Salmón a la plancha : *saumon grillé*
Menestra de verdura : *jardinière de légumes*
Arroz : *riz*
Queso : *fromage*
Helado : *glace*
Copa : *verre à pied, verre* (tomar una copa = *boire un verre*)
Vaso : *verre* (contenant)
Vino tinto : *vin rouge*
Traje de baño : *maillot de bain*
A pesar de que : *bien que, malgré*
Azúcar : *sucre*
¡ Ni hablar ! : *pas question !*
Da asco (le) : *ça la dégoûte* (dar asco = dégoûter)
Impide (no) : *ça n'empêche pas* (impedir = *empêcher*)
Riesgos : *risques*
¡ Vaya golosa ! : *quelle gourmande !*
Duele (le) una muela : *il a mal à une dent* (doler = *avoir mal à*)
De postre : *en dessert*

Tapa : *dans la cuisine espagnole, petites portions de nourriture (moules, jambon, fromage...) servies en apéritif ou seules*
Tomar : *prendre*
Desea usted : *désirez-vous* (desear = *désirer*)
Algo más : *autre chose*
Traigo : *j'apporte* (traer = *apporter*)
La cuenta : *l'addition, la note*
Pisto manchego : *ratatouille de la Mancha*
Nata : *crème*
Una caña : *un demi* (bière)
Picar : ici, *picorer*
Merluza a la vasca : *colin à la basque*
Romper : *casser*
Escupir : *cracher*
Plato : *assiette*
Cuchillo : *couteau*
Cerrar : *fermer*
De primero : *en entrée* (entrada)
De segundo : *en plat principal, de résistance*
Sonarse la nariz : *se moucher*
El mantel : *la nappe*
Sacar : *enlever, ôter, sortir*
Ese tenedor : *cette fourchette*
Ojo : *œil*

Réponses

À la carte

	de primero	de segundo	de postre	bebida
Madre (Isabel)	gazpacho	salmón a la plancha + menestra de verdura		agua con gas
Padre (Hector)	caldo gallego	chuletas de cordero + arroz	queso	una copa de vino tinto
Hija (Ana)	huevos duros con mahonesa	pizza + patatas fritas	helado de chocolate	un soda

Isabel ne prend pas de dessert pour entrer dans son sémillant maillot de bain taille 38. Hector évite les aliments froids pour ne pas avoir de rage de dents. Quant à Ana, elle est le cauchemar des diététiciens !

Nous vous déconseillons de manger du « jabón de vainilla » *(savon à la vanille)*, à moins que vous n'aimiez faire des expériences culinaires décapantes !

C'est bon de se comprendre

3 → Pisto manchego.
Évitez le néologisme « ratatouilla », on pourrait vous servir une soupe de rats.

5 → Bueno, yo prefiero fresas con nata.
Suivez donc les conseils du serveur ! La crème catalane, sorte de crème aux œufs, est un délice !

7 → Quiero una ensalada de tomate.

⚠ « Entremeses » signifie *hors-d'œuvre* ; « lechuga » : *salade verte*

11 → A ver qué podemos comer.
« La carta » veut dire *la lettre* mais aussi *la carte* au restaurant.

8 → Somos tres.

1 → Dos cañas por favor.

9 → **Pues, si no hay otra alternativa, Víctor.**
La señora Buendia semble avoir du mal à lâcher ses euros pour payer son addition. Espérons qu'elle laissera tout de même un pourboire (« una propina ») à ce cher Victor !

10 → **Sí, está riquísima.**
« Riquísima » est le superlatif de « rica » *(bonne, savoureuse)*.

2 → **Sí, pónganos algo de picar para empezar.**
« Pónganos » (impératif de « poner » : *mettez-nous*).

6 → **Un café solo, por favor.**
« Un café solo » : *un café noir* ; « un café con leche » *(lait)* ou « un cortado » : *un café-crème*.

⚠ ne pas confondre « s<u>o</u>lo » : *seul* et « s<u>ó</u>lo » : *seulement*.

4 → **Merluza a la vasca.**
« De segundo » : *en plat principal, de résistance*. On dira « de fondo » en Amérique latine.

Bien se tenir à table : c'est impératif !

1. No rompas el vaso.
À l'impératif négatif (la défense), le verbe sera au subjonctif.

2. No escupas en el plato.

3. Coge el cuchillo para cortar.
À l'impératif, le verbe est au présent et le « s » final de la terminaison disparaît.

4. Cierra la boca cuando estás comiendo.
« Cerrar » est un verbe avec diphtongue. Il n'y a pas de diphtongue lorsque le verbe est conjugué avec « nosotros » et « vosotros » (cerramos, cerráis).

5. Cómetelo todo.
L'enclise est obligatoire à l'impératif. Un accent écrit apparaît sur le « o » car deux syllabes ont été ajoutées et l'accent doit rester au même endroit. L'accent tonique portait sur le « o » dans « come ».

6. No des de comer al perro.
Remarquez la préposition : « dar <u>de</u> comer » = *donner à manger*

7. No juegues con la comida.

Le verbe « jugar » diphtongue. De plus, dans la terminaison un « u » apparaît devant le « e » pour garder l'identité sonore du verbe en « gu ». Ainsi, « llegar » au subjonctif donnera « llegue ».

8. No comas los medicamentos de la abuelita.

Quelle plaie ce Quique !

9. Utiliza la servilleta.

10. No te suenes la nariz en el mantel.

Il n'y a pas d'enclise à l'impératif négatif.

11. Saca ese tenedor de mi ojo.

Nous conseillons à la grande sœur de laisser son petit frère dans un établissement de restauration rapide où un grand clown – qui a l'habitude de ce genre de cas – s'occupera de lui...

4

La vida es sueño

Subjuntivo subjectivo / Subjonctif subjectif

Avec le subjonctif, on entre dans le monde virtuel de l'éventualité, de l'action qui se réalisera ou pas, bien que nous espérions, ordonnions ou suppliions...

Avant de bâtir des châteaux en Espagne, vous allez réviser quelques emplois autoritaires du subjonctif présent, puis décoder la subjectivité émotionnelle, les doutes et les projets d'une adolescente. Pour finir, vous aurez bien mérité le droit de rêver au subjonctif imparfait. Le tableau lexical vous aidera à redescendre sur terre !

Petit rappel sur la formation du subjonctif présent et du subjonctif imparfait [1] :

• Subjonctif présent :

a) Pour les verbes réguliers : les verbes en -AR prennent les terminaisons du présent des verbes en -ER et les verbes en -ER et -IR celles des verbes en -AR.

Ex. : cantar → cante ; comer → coma ; vivir → viva.

b) Le principe est le même pour les verbes irréguliers, mais pour beaucoup d'entre eux le radical de référence est celui de la première personne du singulier au présent.

Ex. : tengo (présent) → tenga, tengas, tenga, tengamos, tengáis, tengan.

---

1. La *Grammaire espagnole* de María Dolores Jennepin (Librio n° 712) vous aidera à approfondir le sujet.

c) Il y a bien sûr des exceptions : saber → sepa ; haber → haya ; ir → vaya ; ser → sea ; estar → esté ; dar → dé.

d) La diphtongue est conservée au subjonctif présent.

• Subjonctif imparfait :

Le subjonctif imparfait a deux formes, en -RA et en -SE, qui sont employées en général indifféremment bien que la forme en -RA soit aujourd'hui plus usuelle (cependant, dans une langue littéraire ou administrative, la forme en -RA peut remplacer le plus-que-parfait de l'indicatif).

> Ex. : cantar → « cantara » ou « cantase » ; comer → « comiera » ou « comiese » ; vivir → « viviera » ou « viviese ».

e) Le subjonctif imparfait est formé à partir du radical de la dernière personne du passé simple (régulier ou irrégulier) du verbe.

> Ex. : saber (passé simple : « supieron ») → « supieran » ou « supiesen » au subjonctif imparfait.

C'est pas toi qui commandes !

C'est un ordre : conjuguez les verbes entre parenthèses au subjonctif !

1. Mamá quiere que (arreglar) .... mis cosas antes de salir.
2. El policía te pide que (aparcar) .... el coche para controlar el vehículo.
3. El profe nos aconseja que (leer) .... *La vida es sueño*[1] durante las vacaciones.
4. El juez le ordena que (sentarse) .... y que (callarse) ....
5. El director os dice que no (fumar) .... en el despacho.
6. El guarda nos prohibe que (pisar) .... el césped.
7. Su novia le impide que (salir) .... con sus colegas.

---

1. *La vida es sueño (La vie est un songe)* : pièce de théâtre de Pedro Calderón de la Barca (1600-1681).

J'hallucine !

À quatorze ans, Pamela a bien du mal à accepter la réalité et à maîtriser le mode du subjonctif. Ses doutes sont peut-être infondés, ses espoirs ne se réaliseront peut-être pas... Aidez notre adolescente à grandir un peu en lui remettant les subjonctifs en place.

Découvrez le code de chaque lettre et vous obtiendrez les verbes au subjonctif présent dans leur ordre d'apparition. Le contexte des phrases vous aidera à trouver les verbes si les codes vous résistent !

A	C	D	E	G	H	I	J	L	M	N	O	P	R	S	T	U	V	Y	Z
10				3						2			4						

4	11	3	10	1	11	2

8	12	15	5	1	10

20	1	19	9	7	11

11	18	6	11

14	10	16	10

14	10	3	10	2

11	2	6	11	4	11	2

6	11	2	3	10	15	20	18

10	16	12	7	11	2

7	11	17	11	18

8	20	15	5	4	11

8	20	2	20	13	8	10

1. Espero que mis padres me............... un móvil por mi cumpleaños.
2. Cuando...... diez y seis años, me marcharé de ese maldito pueblo perdido.
3. Tengo miedo de que Esteban me......... cuando.......... él de vacaciones en Marbella.

4. No creo que Esteban.......... dado un beso a Celia ya que yo salgo con él.

5. Es horrible que.......... maquillaje con la grasa de ballena.

6. Ojalá mis padres no se.............. de que saqué una mala nota en matemáticas.

7. El año próximo Esteban y yo vamos a Francia, aunque no.......... una blanca.

8. Es una pena que los países ricos no.............. a los países en desarrollo.

9. Te ruego que me.............. copiar durante el examen de geometría.

10. Hace falta que me.............. una nueva falda para ir a la disco el sábado.

11. Esteban no me escribe porque quizás no.............. mi dirección.

Si j'aurais su, j'aurais pas venu

Charmante réplique dans le film *La Guerre des boutons*[1], mais imaginez la mine déconfite de Philippe de Bourbon si vous martyrisez de la sorte la conjugaison au bal du Palais-Royal.

Le *si* + imparfait (j'avais su) + conditionnel (je ne serais pas venu) en français a comme équivalent en espagnol : « si » + subjonctif imparfait + conditionnel.

Conjuguez les verbes entre parenthèses au subjonctif imparfait dans chacun des débuts de phrase suivants. Puis inscrivez le bon numéro dans la case de chaque fin de phrase au conditionnel pour obtenir une phrase complète.

N'excluez aucune hypothèse, mais dans un espagnol correct, en imitant le modèle suivant :

Ex. : Si (ser-yo) un hombre, sería capitán
    Si fuera un hombre, sería capitán. *Si j'étais un homme, je serais capitaine.*

1. Si (tener-yo),.................. tiempo

2. Si (ser-tú) Penelope Cruz..................

3. Si tu padre no (almorzar) hoy.................. con el Primer ministro

4. Si no (estar-yo).................. a dieta

---

1. Film d'Yves Robert (1962), d'après le roman homonyme de Louis Pergaud, 1912.

5. Cariño, si tu madre (vivir)............... con nosotros
6. Niños, si las palomitas no (existir).....................
7. Si (poder-vosotros)........................ empezarlo todo de nuevo

❐ nos separaríamos enseguida
❐ iríais a pescar juntos
❐ vendría con vosotros al cine
❐ no te pasarías San Valentín solita
❐ ¿ qué cambiaríais ?
❐ visitaría a mi primo Felipe de Borbón
❐ me comería calamares a la romana

Une panne de vocabulaire ?

Arreglar : *ranger*
Mis cosas : ici, *mes affaires*
Aconseja que : *il conseille de*
   (« aconsejar que »
   + subjonctif = *conseiller de*
   + infinitif)
El juez : *le juge*
Sentarse : *s'asseoir*
Callarse : *se taire*
Despacho : *bureau*
Prohibe que : *il interdit de*
   (« prohibir que » + subjonctif
   = *interdire de* + infinitif)
Pisar : (faux ami !) *marcher sur*
El césped : *la pelouse*
Novio (a) : *fiancé(e)*
Impide que : *il empêche de*
   (« impedir que »
   + subjonctif = *empêcher de*
   + infinitif)
Cumpleaños : *anniversaire*
Me marcharé : (futur) *je m'en irai*
   (marcharse = *s'en aller*)
Pueblo : ici, *un village*
Tengo miedo de que : *J'ai peur
   que* (« tener miedo de
   que »+ subjonctif : *avoir peur
   que* + subj.)
Salgo : *je sors* (*salir* = sortir)

Ojalá + subjonctif : *pourvu que*
   + subj.
Saqué : 1re pers. sing. du passé
   simple de « sacar » (ici,
   obtenir)
Aunque + subjonctif : *même si*
   + indicatif
Una blanca : ici, *un radis (un
   sou)*
En desarrollo : *en voie de
   développement*
Te ruego que : *je te prie de*
   (« rogar que » + subjonctif
   = *prier de* + infinitif)
Hace falta que : *il faut que*
Falda : *jupe*
Almorzar : *déjeuner*
Estar a dieta : *être au régime, à la
   diète*
Cariño : *chéri*
Palomitas : *pop-corn*
Empezarlo todo de nuevo : *tout
   recommencer*
Enseguida : *sur-le-champ*
Juntos : *ensemble*
Solita : *toute seule*
Cambiaríais : 2e pers. plur. du
   conditionnel de « cambiar »
   = *changer*
Primo : *cousin*

Réponses

C'est pas toi qui commandes !

En espagnol, les tournures de volonté sont suivies du mode subjonctif dans la subordonnée.
Dans cet exercice, les principales sont au présent de l'indicatif, donc les verbes des subordonnées sont au subjonctif présent. Mais attention ! En espagnol la concordance des temps est stricte à l'écrit comme à l'oral. Si la principale est au passé, la subordonnée sera au subjonctif imparfait, bien qu'en français elle soit au subjonctif présent le plus souvent.

> Ex. : Sólo quería (imparfait de l'indicatif) que me dijeras (« decir » au subjonctif imparfait) la verdad, Pinocchio.
> *Je voulais juste que tu me dises la vérité, Pinocchio.*

1. arregle
2. aparques
Les verbes en -CAR ont une terminaison en -QUE au subjonctif présent pour garder l'identité sonore du verbe.
3. leamos
4. se siente, se calle
5. fuméis
« Decir que » + subjonctif = *dire de* + infinitif.
6. pisemos
7. salga

J'hallucine !

A	C	D	E	G	H	I	J	L	M	N	O	P	R	S	T	U	V	Y	Z
10	8	7	11	3	14	9	17	1	15	2	20	5	4	18	6	12	19	16	13

1. regalen (regalar : *offrir*)
« Esperar que » + subjonctif = *espérer que* + indicatif.
« Esperar a que » + subjonctif = *attendre que* + subjonctif.

2. cumpla (« cumplir » a le sens d'*avoir* pour l'âge)
« Cuando » + subjonctif = *quand* + futur.

3. olvide (olvidar : *oublier*), **esté**

4. haya (haber)
« Dado » est le participe passé de « dar ».
« Haya dado un beso » : *ait embrassé.*

5. hagan (hacer)

6. se enteren (enterarse : *apprendre une nouvelle*)

7. tengamos (tener)

8. ayuden (ayudar : *aider*)

9. dejes (dejar : *laisser*)

10. compre (comprar : *acheter*)

11. conozca (conocer : *connaître*)
Les verbes en -OCER ont une terminaison en -OZCA au subjonctif
puisque la terminaison de la première personne du singulier
au présent est -OZCO.

Grâce à Pamela, vous avez révisé une série d'expressions suivies
du subjonctif. Retenez également ces quelques notions qui sont
des « déclencheurs » de subjonctif :
– Le souhait : « esperar que » ; « ojalá »
– Les subordonnées temporelles au futur en français :
  « cuando » + subjonctif
– La crainte : « tener miedo de que »
– Les sentiments : « no creo que » ; « es horrible que »
– La concession : « aunque »

⚠ « aunque » + indicatif = *bien que* + subjonctif
– Le regret : « es una pena que »
– La volonté : « querer que » ; « rogar que »
– L'obligation impersonnelle : « hace falta que » *(il faut que)*
– La probabilité : « quizás » *(peut-être)*
Et aussi...
– Le but : « para que »
– Les remerciements : « agradecer que » ; « perdonar que »

Si j'aurais su, j'aurais pas venu

1. Si **tuviera** / **tuviese** tiempo, visitaría a mi primo Felipe de
Borbón.
2. Si **fueras** / **fueses** Penelope Cruz, no te pasarías San Valentín
solita.

3. Si tu padre no **almorzara** / **almorzase** hoy con el Primer ministro, iríais a pescar juntos.

4. Si no **estuviera** / **estuviese** a dieta, me comería calamares a la romana.

5. Cariño, si tu madre **viviera** / **viviese** con nosotros, nos separaríamos enseguida.

6. Niños, si las palomitas no **existieran** / **existiesen**, vendría con vosotros al cine.

7. Si **pudierais** / **pudieseis** empezarlo todo de nuevo, ¿ qué cambiaríais ?

5

¡ Tierra ! ¡ Tierra !

Viajar sin perderse / Voyager sans se perdre

Vous êtes décidé à mettre en pratique vos acquis en espagnol. Excellente idée, mais quelle destination choisir ? L'Espagne ? L'Amérique centrale ? L'Amérique du Sud ? Une chose est sûre : pour arriver à bon port, mieux vaut réviser quelques points avant de boucler ses valises...

Connaître les aléas des transports, guider Christophe Colomb jusqu'au Nouveau Monde et maîtriser les horaires, voilà qui devrait faire de vous un globe-trotter averti. Embarquement immédiat ! Et n'oubliez pas de consulter le tableau lexical pour ne pas vous perdre en route !

En voyage désorganisé

Qui n'a pas pesté contre un vol en retard, un train complet ou un voisin de bus encombrant ? Mettez les phrases suivantes dans l'ordre pour revivre ces purs moments de bonheur dans les transports.

1. me   duelen / ¿ / usted / Señora, / ? / colocar / kilos / de   equipaje / en / 53 / sus / el pasillo / las rodillas, / del bus / Puede
2. tarjeta / del vuelo / con destino / a / llevan / dos días / Los pasajeros / Lima / esperando / en / el aeropuerto / sin / de embarque.
3. número / un asiento / dos. / Ni siquiera / en / el bus / sale / queda / que / del andén
4. señorita, / doberman. / pero / Lo siento / para / el billete / no / una reserva / su / de coche litera / incluye
5. vomitado / miel / si / barco / Hubiera / una / tanto. / magnífica / de / no / luna / sido / en / hubieras

6. asiento / un / la / vez / abuela / aguanto / en / Es / Madrid / que /
dos / última / niños / y / atasco / una / en / de / atrás. / con / el

7. perderse / porque / la / puerta / Javier / despega / va / vuelo /
encuentra / y / el / a / el / dentro / de / diez / avión / minutos. / no

Christophe Colomb rame

Christophe Colomb aurait peut-être découvert le Nouveau
Monde avant 1492 s'il avait écouté vos conseils avisés...

1. Dans un premier temps, tracez le parcours que doit faire
Christophe Colomb pour arriver en Amérique en suivant les
consignes ci-dessous :

- Ponga usted en orden las étapas de Cristobal Colón ✉ ✝ ☎
  📖 ✗ , haciendo el trayecto más directo entre la salida 🌍 y la
  llegada 🗓.
- Cristobal Colón debe evitar los piratas ☠ , la pólvora de
  cañón 💣 , la lluvia 🌧 y las tormentas 🌩.
- Cristobal Colón tiene que dar media vuelta una vez.

2. Numérotez chronologiquement les étapes du périple de Christophe Colomb.

❐ ☎ Telefonea a su esposa para tranquilizarla.

❐ 📖 Va a la librería para comprar una guía de América Latina.

❐ ✘ Arregla el motor de la carabela.

❐ ✝ Compra una cruz para evangelizar a los indígenas.

❐ ⧖ Encuentra el reloj de arena que se había perdido Marco Polo dos siglos atrás.

❐ ✉ Manda una postal a los Reyes Católicos para pedirles más dinero.

3. Complétez le récit de voyage de Christophe Colomb avec les expressions suivantes. Les terminaisons verbales vous aideront à trouver le chemin.

cruza / mano izquierda / continuar por la derecha / coger a la izquierda / atraviesa / un camino por la derecha / todo recto / dar media vuelta / gira a la izquierda / salga por la derecha

Cristobal Colón sale del puerto, pero decide (1) ....
.... para evitar una tormenta en el océano Atlántico. Pero, no se trata de un viaje turístico sino de una misión de evangelización, así coge (2)................................. para comprar una cruz en un mercado de los Azores. Lleva ya tres semanas navegando y tiene que telefonear a su esposa para tranquilizarla. Por eso, (3)................................. pero desgraciadamente da con tres piratas arrimados a la cabina telefónica. Pero bueno, no pasa nada, Colón sabe que hay otra en las Islas Canarias, a (4)............................. Se pone nerviosa la tripulación por comer poco y trabajar mucho. Colón debe mandar una postal a los Reyes Católicos para pedirles más dinero y tranquilizar a los marineros, pues (5)............................. el Trópico de Capricornio para ir a correos. El segundo de a bordo le aconseja que (6)............................. y es una buena idea ya que Colón encuentra un reloj de arena que se había perdido Marco Polo dos siglos atrás. Mientras el capitán se está divirtiendo con su nuevo juguete, el segundo de a bordo le avisa de que deben (7)............................. para arreglar el motor de la carabela en el puerto del Cabo Verde. Eso le contraria a Colón porque luego tendrán que (8)................................. para ir a la librería de las Bermudas, a comprar una guía de América Latina. Por fin, el famoso navegante vira de bordo y sigue (9)............................., (10)............................. el Mar Caribe y desembarca.

Contretemps

Cavaler dans un aéroport ou poireauter sur un quai font partie des charmes du voyage ! Dans les phrases qui suivent, trouvez la bonne heure et écrivez-la en lettres et en chiffres selon l'exemple ci-dessous :

> Ex. : La carroza de Cenicienta va a convertirse en calabaza dentro de una hora y media. *Le carrosse de Cendrillon va se transformer en citrouille dans une heure et demie.* ¿ Qué hora es ? Son las diez y media de la noche (22 h 30).

1. El avión despega con una demora de veinte minutos. Debía salir a las siete de la tarde.
   ¿ Qué hora es ?......................................

2. Carmela y sus padres van a coger el próximo tren que sale dentro de media hora, a las nueve en punto de la noche.
   ¿ Qué hora es ?......................................

3. A causa de un atasco, Juan llegó con cuarenta y cinco minutos de retraso a la estación y se perdió el tren de las nueve de la mañana.
   ¿ Qué hora es ?......................................

4. El metro tuvo una avería Ricardo llegó con media hora de retraso al aeropuerto y se perdió el embarque de las siete menos cuarto de la mañana.
   ¿ Qué hora es ?......................................

5. Enrique tiene que esperar dos horas en la estación porque el tren sale a las tres de la tarde.
   ¿ Qué hora es ?......................................

Une panne de vocabulaire ?

Duelen : 3ᵉ pers. plur. de
l'indicatif présent de « doler »
= *avoir mal à*

Colocar : *placer, mettre*

El equipaje : (faux ami) *les bagages*

Pasillo : *couloir*

Rodillas : *genoux*

Destino : ici, *destination*

Tarjeta : *carte*

Llevan : 3ᵉ pers. plur. de l'indicatif
présent de « llevar » + gérondif
= *cela fait, depuis*

Vuelo : *vol (avion)*

Embarque : *embarquement*

Asiento : *siège, place*

Ni siquiera : *même pas*

Queda : *il reste* (quedar = *rester*)

Sale : *il part* (salir = *partir, sortir*)

Andén : *quai*

Lo siento : *je suis désolé(e)*

Coche litera : *wagon-couchette*

Incluye : *cela inclut* (incluir
= *inclure*)

Hubiera : « Haber » (auxiliaire
avoir) au subjonctif imparfait

Sido : participe passé de « ser »

Vomitado : participe passé de
« vomitar » *(vomir)*

Vez : *fois*

Tanto : *autant*

Aguanto : *je supporte* (aguantar
= *supporter*)

Atasco : *embouteillage*

Atrás : *arrière, derrière*

Perderse : ici, *rater*

Despega : *décolle* (despegar
= *décoller*)

Encuentra : *il trouve* (encontrar
= *trouver*)

Dentro : *dans (tant de temps)*

Ponga usted en orden : *mettez
dans l'ordre*

Trayecto : *trajet*

La salida : *le départ, la sortie*

La llegada : *l'arrivée*

Pólvora : *poudre*

Tormentas : *orages*

Tiene que + infinitif : *il doit*
+ infinitif

Dar media vuelta : *faire demi-tour*

Una guía : *un guide*

Arregla : *il répare* (arreglar
= *réparer*)

Carabela : *caravelle*

Cruz : *croix*

Reloj de arena : *sablier*

Dos siglos atrás : *deux siècles plus
tôt*

Manda una postal : *il envoie une
carte postale*

Pedirles : *leur demander*

Coger a la izquierda : *prendre à
gauche*

Se trata de : *il s'agit de*

Un camino por la derecha : *un
chemin à droite*

Gira : *il tourne* (girar = *tourner*)

Desgraciadamente :
malheureusement

Da con : *il tombe sur* (dar con
= *tomber sur*)

Arrimados : *adossés*

No pasa nada : *ce n'est pas grave*

La tripulación : *l'équipage*

Correos : *la poste*

Le aconseja que + subjonctif= *je
vous conseille de* + infinitif

Le avisa de que : *il le prévient que,
il lui annonce que* (avisar
= *prévenir, annoncer*)

Cruza : *il traverse, il croise* (cruzar
= *traverser, croiser*)

Salga : 3ᵉ pers. sing. du subjonctif
présent de « salir »

Sigue : *il continue* (seguir
= *continuer*)

Atraviesa : *il traverse, il passe à
travers* (atravesar = *traverser*)

Todo recto : *tout droit*

Una demora : *un retard* (on dit
aussi « retraso »)

En punto : *pile*

Réponses

En voyage désorganisé

1. Señora, me duelen las rodillas, ¿ Puede usted colocar sus 53 kg de equipaje en el pasillo del bus ?
Le verbe « doler » s'accorde avec le sujet placé après (las rodillas). Il se traduit par *avoir mal*, mais se construit comme *faire mal*.
> Ex. : Me duelen los brazos, pues lleva tu maleta. *J'ai mal aux bras (les bras me font mal), alors porte ta valise.*

2. Los pasajeros del vuelo con destino a Lima llevan dos días esperando en el aeropuerto sin tarjeta de embarque.
Remarque 1 : L'expression « con destino a » signifie *à destination de*. Le mot « destino » peut aussi avoir le sens de *destin*. *En provenance de* se dit « procedente de ».
Remarque 2 : La forme progressive « llevar » + quantité de temps + gérondif rend compte d'une durée écoulée et se traduit par *cela fait (faisait, fera...)* ou *depuis*.
> Ex. : Quisiera cambiar de asiento porque ese bebé lleva tres horas llorando. *Je voudrais changer de place parce que ce bébé pleure depuis trois heures (cela fait trois heures que ce bébé pleure).*

3. Ni siquiera queda un asiento en el bus que sale del andén número dos.

4. Lo siento, señorita, pero el billete no incluye una reserva de coche litera para su doberman.

5. Hubiera sido una magnífica luna de miel en barco si no hubieras vomitado tanto.
Remarque : Le plus-que-parfait du subjonctif est formé de l'imparfait du subjonctif de l'auxiliaire « haber » suivi du participe passé du verbe. L'auxiliaire est ici au subjonctif imparfait et non au conditionnel car il s'agit d'une éventualité (voir chapitre 4).
> Ex. : Un auténtico trotamundos no hubiera llamado a su madre cada dos días. *Un authentique globe-trotter n'aurait pas appelé sa mère tous les deux jours.*

6. Es la última vez que aguanto un atasco en Madrid con dos niños y una abuela en el asiento de atrás.

7. Javier va a perderse el vuelo porque no encuentra la puerta y el avión despega dentro de diez minutos.

Remarque : N'oubliez pas la préposition « a » entre le verbe « ir » et l'infinitif dans cette tournure du futur proche qui a pour équivalent en français *aller* + infinitif.

Ex. : No se preocupe, señora, un tripulante va a traerle un salvavidas. *Ne vous inquiétez pas, madame, un membre de l'équipage va vous apporter une bouée de sauvetage.*

Christophe Colomb rame

1.

2. Les différentes étapes sont **2, 6, 5, 1, 4, 3.**

3.
1. coger a la izquierda
2. un camino por la derecha
3. gira a la izquierda
4. mano izquierda
5. cruza
6. salga por la derecha
7. continuar por la derecha
8. dar media vuelta
9. sigue todo recto
10. atraviesa

Contretemps

1. Son las siete y veinte de la tarde (19 h 20).
L'heure en espagnol se construit avec l'auxiliaire « ser » suivi de l'article défini « las » ou « la ».
Comme en français, la précision « de la tarde », « de la mañana » ou « de la noche » permet d'éviter certaines confusions, surtout à l'oral.
Il ne faut pas oublier la conjonction « y » entre les heures et les minutes.

2. Son las ocho y media de la noche (20 h 30).

3. Son las diez menos cuarto de la mañana (9 h 45).

4. Son las siete y cuarto de la mañana (7 h 15).

5. Es la una de la tarde (13 h 00).
Une heure étant singulier, le verbe « ser » se conjugue au singulier dans ce cas.

Conseils aux voyageurs en Amérique latine :
- Au Chili, on ne dit pas « son las siete menos cuarto » (6 h 45) mais « un cuarto para las siete » ou « faltan veinte para las tres » (2 h 40). On remplace souvent les précisions « de la tarde », « de la noche »... par A.M. ou P.M. Et enfin il est courant d'entendre « las dos cuarenta y cinco » ou « las catorce cuarenta y cinco » (14 h 45).
- Le verbe « coger » *(prendre)* pour parler d'un bus, d'un avion ou d'un train est à proscrire et doit être remplacé par le verbe

49

« tomar », car « coger » a une signification exclusivement sexuelle dans de nombreux pays d'Amérique latine. Quand il s'agit de prendre une valise, on utilisera le verbe « agarrar ».

- Vous entendrez plutôt « siga derecho » *(continuez tout droit)* que « siga todo recto ».

6

Nadie es perfecto

Pretérito, pretérito perfecto, imperfecto/
Passé simple, passé composé, imparfait

Vous trouvez que le passé simple espagnol n'est pas si simple ? Vous hésitez entre passé simple et imparfait ? Vous cernez mal les usages du passé composé ? Voici de quoi rafraîchir vos connaissances pour affronter sans rougir les mauvais souvenirs, ceux délicieux des contes de votre enfance, et débusquer des adverbes de temps bien cachés. Et si vous avez décidément la mémoire qui flanche... consultez le tableau lexical !

Petit rappel[1] :

a) Les terminaisons à ajouter au radical des verbes réguliers au passé simple.

Les verbes en -AR : *-é, -aste, -ó, -amos, -asteis, -aron.*

Les verbes en -ER et en -IR : *-í, -iste, -ió, -imos, -isteis, -ieron.*

De nombreuses formes irrégulières au passé simple :

Dar : di, diste... ; ser et ir : fui, fuiste.... ; estar : estuve... ; tener : tuve...

b) Le passé composé est formé de l'auxiliaire « haber » au présent (he, has, ha, hemos, habéis, han) suivi du participe passé du verbe (on ajoute au radical des verbes en -AR la terminaison *-ado* et au radical des verbes en -ER et en -IR la terminaison *-ido*).

Ex. : hemos escuchado ; he comido ; han vivido.

---

1. La *Grammaire espagnole* de María Dolores Jennepin (Librio n° 712) vous aidera à approfondir le sujet.

Remarques :
Un seul auxiliaire (haber).
Le participe passé ne s'accorde pas.
L'auxiliaire ne peut pas être séparé du participe passé (he dormido bien).

c) Les terminaisons à ajouter au radical des verbes réguliers à l'imparfait :
Les verbes en -AR : *-aba, -abas, -aba, -ábamos, -abais, -aban.*
Les verbes en -ER et en -IR : *-ía, -ías, -ía, -íamos, -íais, -ían.*

Remarque :
Trois verbes irréguliers à l'imparfait : ser (era, eras...) ; ir (iba, ibas...) ; ver (veía, veías...).

Mémoire sélective

Choisissez la forme verbale adaptée aux phrases suivantes. N'oubliez pas que le passé simple exprime une action révolue qui a commencé et s'est achevée dans le passé sans lien avec le présent alors que le passé composé présente une action qui est encore en relation avec le présent pour le locuteur.

1. **(Engordar)**............X......... mucho desde hace dos años.
   a. Engordaba   b. He engordado   c. Engordé

2. Estoy hecho polvo. Anoche **(repasar)**.....√.......... durante cuatro horas el examen de mecánica cuántica.
   a. repasé   b. repasaba   c. he repasado

3. Ayer, el profesor de literatura **(suspender)**.....X............ a Enrique.
   a. suspendía   b. ha suspendido   c. suspendió

4. La abuela siempre **(querer)**.....√........ que fuéramos a misa con ella.
   a. quería   b. quiso   c. ha querido

5. De niño, no **(ser)**..X.... un empollón y ahora ves, soy director de banco.
   a. fui   b. he sido   c. era

6. Para consolarme **(comprar)**.....√.......... chocolate y una falda esta mañana.
   a. he comprado   b. compré   c. compraba

7. (Llover)..............mucho y hace frío. El año próximo iremos a Ibiza.
   a. Llovía   **b.** Llovió   **c.** Ha llovido

8. (Pasar)............el fin de semana en casa de mis padres, y hoy me deja ella. No sé por qué.
   a. Pasamos   **b.** Pasábamos   **c.** Hemos pasado

9. Hijo mío, los dinosaurios ya no (existir)............cuando (nacer)...........yo.
   a. existieron/nacía   **b.** existían/nací   **c.** existían/he nacido

10. Me encuentro mal, (dormir)...............fatal y me duele la cabeza.
    a. dormía   **b.** dormí   **c.** he dormido

Il était une fois...

Conjuguez les verbes entre parenthèses au prétérit ou à l'imparfait. Vous découvrirez ainsi un vieux conte... remis au goût du jour !

Érase una vez una chica que **(a) enseñar** .... el hip hop en la asociación Las Perlas Rojas. Por su cumpleaños, los alumnos le **(b) haber** .... regalado una chaqueta de deporte roja. La muchacha **(c) llevar** .... cada día la chaqueta roja, así en el barrio todos la **(d) llamar** .... Caperucita Roja. Aquel domingo, mientras Caperucita **(e) estar** .... preparándose para ir a la clase de hip hop, su madre le **(f) pedir** .... que trajera unos pasteles a la abuela. Caperucita **(g) coger** .... el metro después de la clase de hip hop para ir a casa de la abuelita quien **(h) vivir** .... lejos del barrio. Saliendo del metro, Caperucita **(i) dar** .... con tres chicos muy groseros que **(j) querer** .... robarle los pasteles. Pero no **(k) saber** .... esos desdichados chicos que Caperucita no sólo **(l) bailar** .... el hip hop sino que **(m) practicar** .... judo también. Así, cuando el menos cobarde de la pandilla **(n) agarrar** .... la mochila de Caperucita, **(o) encontrarse** .... él en dos patadas boca abajo sin poder moverse. El chico **(p) suplicar** .... a Caperucita que le dejara irse y le **(q) prometer** .... que nunca más importunaría a una chica. Los tres chicos **(r) irse** .... cor-

riendo. Cuando Caperucita **(s)** **llegar** .... a casa de la abuelita le **(t)** **contar** .... lo del metro y luego **(u)** **comerse**
.... ellas los pasteles viendo *un, dos, tres,* como **(v)** **soler**
.... hacerlo los domingos.

Des temps troubles

19 adverbes de temps se cachent dans les horizontales, les ver-
ticales et les diagonales de cette grille (la lecture se fait de
gauche à droite et de haut en bas et les mots ne se chevauchent
pas). Voici la liste des adverbes que vous devez trouver... en y
mettant le moins de temps possible :

ayer – anoche – anteayer – antaño – antes – hoy – entonces
– ahora – hogaño – todavía – mañana – pronto – enseguida
– luego – siempre – nunca – ya – temprano – tarde

A	I	Y	O	P	T	A	R	D	E	B	P
N	T	L	U	E	G	O	H	M	J	M	R
T	A	X	C	I	U	H	O	N	C	A	O
A	V	N	K	F	I	E	Y	U	A	Ñ	N
Ñ	E	B	T	A	T	G	I	R	Z	A	T
O	N	Q	U	E	M	I	O	B	N	N	O
X	U	V	Y	O	S	H	E	C	U	A	P
H	N	W	E	T	A	D	U	S	I	H	K
O	C	E	N	S	E	G	U	I	D	A	A
G	A	S	I	F	E	B	T	C	L	Y	N
A	A	N	O	C	H	E	L	O	J	I	W
Ñ	Z	R	T	O	D	A	V	I	A	R	A
O	T	G	E	N	T	O	N	C	E	S	Y
M	E	A	N	T	E	A	Y	E	R	P	E
W	S	I	E	M	P	R	E	Z	C	I	R
M	A	Y	U	T	E	M	P	R	A	N	O

Une panne de vocabulaire ?

Engordar : *grossir*

Desde hace : *depuis*

Estoy hecho polvo : *je suis crevé*

Anoche : *hier soir*

Repasar : *réviser*

Suspender : *recaler*

Fuéramos : 1ʳᵉ pers. plur. du subjonctif imparfait de « ir »

La misa : *la messe*

Un empollón : *un bûcheur*

Ahora : *maintenant*

Una falda : *une jupe*

Llover : *pleuvoir*

Deja (me) : ici, *elle me quitte*

Encuentro (me) : ici, *je me sens*

Duele la cabeza (me) : *j'ai mal à la tête*

Érase una vez : *il était une fois*

Cumpleaños : *anniversaire*

Regalado : *offert* (d'après l'infinitif « regalar »)

Una chaqueta de deporte : *une veste de sport*

El barrio : *le quartier*

Caperucita Roja : *le Petit Chaperon rouge*

Aquel domingo : *ce dimanche-là*

Mientras : *tandis que*

Pedir que + subjonctif : *demander de* + infinitif

Trajera : 3ᵉ pers. sing. du subjonctif imparfait de « traer » (*apporter*)

Pasteles : *des gâteaux*

Dar con : *tomber sur*

Robarle : *lui voler*

Desdichados : *malheureux*

Cobarde : *lâche, couard*

La pandilla : *la bande*

Agarrar : *saisir, attraper*

La mochila : *le sac à dos*

En dos patadas : *en deux temps trois mouvements*

Boca abajo : *à plat ventre*

Nunca más : *jamais plus*

Llegar : *arriver*

Soler + infinitif : *avoir l'habitude de* + inf.

Anteayer : *avant-hier*

Antaño : *autrefois*

Hogaño : *de nos jours*

Todavía : *encore*

Pronto : *bientôt*

Enseguida : *tout de suite*

Temprano : *tôt*

Réponses

Mémoire sélective

1. b
Malheureusement, l'action a commencé il y a deux ans et est toujours liée au présent du locuteur... des kilos peuvent s'ajouter aux autres !

2. a
« Anoche » *(hier soir)* délimite clairement le début et la fin de l'action. N'oubliez pas que le passé simple en espagnol est très utilisé à l'oral comme à l'écrit.

3. c
« Ayer » *(hier)* ancre la situation dans le passé, l'échec à l'examen est terminé. Henri peut préparer la prochaine session !

4. a
L'adverbe « siempre » *(toujours)* introduit une idée d'habitude. Il ne s'agit pas d'un événement ponctuel dans un récit, comme c'est le cas dans l'exemple ci-dessous :
    Ex : Ayer, la abuela quiso que fuéramos a misa con ella.
De plus, la présence du subjonctif imparfait « fuéramos » dans la subordonnée implique la présence d'un verbe au passé dans la principale.

5. c
Se reporter à l'explication de la réponse **4**.

6. a
« Esta mañana » *(ce matin)* est encore lié au présent du locuteur.

7. c
Même cas que dans la réponse **6**.

8. a
Le week-end est bel et bien passé...

9. b
Le règne des dinosaures s'est étendu sur une longue période, alors que la naissance du locuteur fut un événement circonscrit, ponctuel. Ici, l'imparfait s'oppose donc clairement au passé simple.

10. c
Certes, le locuteur ne dort plus et sa mauvaise nuit est enfin terminée, mais il s'en ressent encore dans le moment présent : il a mal à la tête.

Il était une fois...

Remarque : L'imparfait est le temps employé pour parler de l'habitude, faire une description, exprimer une action qui se répète. L'emploi de l'imparfait en espagnol est donc très proche de celui du français. En revanche, le passé simple est le temps du récit qui exprime une action passée accomplie, commencée et terminée dans le passé. En français, le passé composé a remplacé le passé simple à l'oral.

a. enseñaba

b. habían
Remarque : L'auxiliaire « haber » à l'imparfait suivi du participe passé du verbe forme le plus-que-parfait.

c. llevaba

d. llamaban

e. estaba
Remarque : La forme progressive « estar » + gérondif est l'équivalent de *être en train de* + infinitif.

f. pidió

g. cogió

h. vivía

i. dio
Remarque : Les verbes irréguliers (di, dio ; tuve, tuvo, etc.) ne portent pas d'accent écrit au passé simple car leur forme ne peut être confondue avec une autre. En revanche, « cantar » au passé simple (canté, cantó) appartiendrait au subjonctif présent (cante) ou au présent de l'indicatif (canto) sans l'accent écrit.

j. quisieron

k. sabían

l. bailaba

m. practicaba

n. agarró

o. se encontró

p. suplicó

q. prometió

r. se fueron

s. llegó

t. contó

u. se comieron

v. solían

Des temps troubles

A					T	A	R	D	E		P
N		L	U	E	G	O	H			M	R
T	A						O			A	O
A		N					Y		A	Ñ	N
Ñ			T					R		A	T
O	N			E			O			N	O
	U				S	H				A	
H	N				A						
O	C	E	N	S	E	G	U	I	D	A	A
G	A									Y	
A	A	N	O	C	H	E					
Ñ			T	O	D	A	V	I	A		A
O			E	N	T	O	N	C	E	S	Y
		A	N	T	E	A	Y	E	R		E
	S	I	E	M	P	R	E				R
				T	E	M	P	R	A	N	O

Remarques :
L'adverbe « ya » dans une phrase au présent a le sens de *voici, voilà, maintenant, bien.*
    Ex. : ¡ Ya voy ! *J'arrive ! Me voilà !*
        Ya lo sé. *Je le sais bien.*
        ¡ Ya están aquí ! *Les voici !*
        Ya nos marchamos. *Nous partons maintenant.*

Dans une phrase au passé, « ya » a le sens de *déjà.*
    Ex. : Ya me lo dijiste, abuela. *Tu me l'as déjà dit, grand-mère.*

Dans une phrase au futur, « ya » a le sens de *bientôt, plus tard.*
    Ex. : ¡ Ya te lo explicará ! *Il te l'expliquera plus tard !*

Quelques expressions à connaître :
Ya veremos : *Attendons ; on verra.*
Ya es hora : *Il était temps.*
Preparados, listos, ¡ ya ! : *À vos marques, prêts, partez !*

7
Tout est relatif

Demostrativos y relativos / Démonstratifs et relatifs

Tout est relatif, dit-on. N'ayez crainte : nous n'allons pas nous lancer dans une démonstration philosophique, mais juste réviser les démonstratifs et les pronoms relatifs. La langue espagnole a trois adjectifs démonstratifs qui peuvent s'employer aussi comme pronoms et foison de pronoms relatifs. Il s'agit donc de ne pas se perdre dans ces subtilités afin que vous puissiez vous exclamer en fin de chapitre : CQFD ! Et si vos lacunes lexicales vous inquiètent, ne paniquez pas et relativisez-les en consultant le tableau de vocabulaire.

Petit rappel :
« Este » (estos, esta, estas) rend compte de ce qui est proche dans le temps et dans l'espace du locuteur, « ese » (esos, esa, esas) de ce qui est intermédiaire, et « aquel » (aquellos, aquella, aquellas) de ce qui est éloigné. Ils s'accordent en genre et en nombre avec le nom qu'ils déterminent. Si l'on ajoute un accent à ces adjectifs démonstratifs, ils deviennent des pronoms (éste : *celui-ci* ; ése, aquél : *celui-là*). « Esto », « eso » et « aquello » sont des pronoms démonstratifs neutres.

Exercice de démonstration

Complétez les phrases suivantes avec l'adjectif ou le pronom démonstratif approprié.

1. No te rías de mí, sé que .... pantalones de esquí no pegan con tacones altos.

2. ¿ Ves a .... chica en el fondo del bar ? No, no la de los

60

pantalones de esquí sino .... al lado, pues me gustaría invitarla.

3. No te preocupes, ... me pasa a mí también.

4. Prefiero cenar en casa, porque recuerdo .... día cuando me invitaste y que te habías olvidado el monedero.

5. .... maldito gato hizo sus cosas en el sillón.

6. ¡ Es increíble ! En .... época, no existían los móviles.

7. Jorge habla mucho y escucha poco. No me gusta ....

8. Es el chico .... del que todas hablan en el instituto.

9. .... semana todo me ha salido mal.

10. Me preguntó ella – como si se tratara de algún secreto –
« ¿ Hiciste ...... ? ».

11. ¿ Te gusta la paella del chef ? – ¡ Qué va ! La paella de la abuela Carmen está mucho más rica que ....

12. .... es el mío y .... es el tuyo.

Sachez relativiser !

Il y a bien plus fâcheux que de se perdre dans les pronoms relatifs. Voici quelques drames de la vie auxquels il manque un pronom relatif adéquat. Attention ! Certaines phrases acceptent deux solutions.

1. Me aburrí mucho durante las vacaciones .... pasé con ellos.
   ❑ que   ❑ cuyas   ❑ las cuales

2. Es la chica a .... esperaba encontrar, y se va a vivir en Argentina dentro de una semana.
   ❑ la que   ❑ quien   ❑ que

3. Antonio Banderas, ... pelo era un desastre en los años ochenta, es ahora famosísimo.
   ❑ el cual   ❑ el que   ❑ cuyo

4. En la telenovela *Santa Bárbara* nunca eran felices, ...
   me asombraba mucho.
   ❑ el que   ❑ lo cual   ❑ lo que

61

5. Es muy feo el chico con .... sale ella, pero bueno ya no está solita.
   ❑ el que   ❑ lo que   ❑ quien

6. Nos presentaron a la nueva profe de historia,........... parece muy severa aunque es guapísima.
   ❑ quien   ❑ la cual   ❑ la que

7. La casa .... vivo es pequeña pero queda mucho más aislada que la tuya.
   ❑ cuya   ❑ en la que   ❑ donde

8. Creí que la persona .... entró en el bar era Victoria Abril, pero no, era la prima Concepción.
   ❑ quien   ❑ que   ❑ la que

9. Es un rollo porque el estudiante Erasmus en .... casa vivo, suele cenar muy temprano y no se acuesta tarde.
   ❑ donde   ❑ la que   ❑ cuya

10. Es un poema .... no quedará grabado en los anales.
    ❑ el cual   ❑ que   ❑ quien

Une panne de vocabulaire ?

Esquí : *ski*
No pegan con : ici, *ne vont pas avec*
Tacones altos : *talons hauts*
Pues : ici, *eh bien*
Cenar : *dîner*
Te habías olvidado : *tu avais oublié*
Monedero : *porte-monnaie*
Gato : *chat*
Escuchar : *écouter*
Hizo sus cosas : *il s'est oublié* (au sens de *faire ses besoins*)
El sillón : *le fauteuil*
No me gusta : *ne me plaît pas, je n'aime pas*
Todo me ha salido mal : *tout s'est mal passé pour moi*
Como si tratara de : *comme s'il s'agissait de*
Hiciste : *tu as fait* (« hacer » au prétérit)

¡ Qué va ! : *tu parles !*
Me aburrí : *je me suis ennuyé* (aburrirse = *s'ennuyer*)
El pelo : *les cheveux*
Asombraba : *étonnait* (asombrar = *étonner*)
Feo : *laid*
Aunque + indicatif : *bien que* + subjonctif
Guapísima : *très belle*
Queda : ici, *elle est*
Aislada : *isolée* (ici, *contre le froid, le bruit*)
La prima : *la cousine*
Es un rollo : *c'est un peu la galère*
Temprano : *tôt*
Se acuesta : *il se couche* (acostarse = *se coucher*)
Quedará : *restera*
Grabado : *gravé*

Réponses

Exercice de démonstration

1. estos
Quelle faute de goût ! La locutrice porte un pantalon de ski avec des hauts talons... Il s'agit bien d'un pantalon de ski très proche de la locutrice dans le temps comme dans l'espace, ce qui déclenche les sarcasmes de son interlocuteur.

2. esa et ésa
La jolie fille est au fond du bar, mais visible tout de même, actuellement. Il s'agit d'une distance intermédiaire pour le locuteur. Avec le pronom démonstratif « ésa » *(celle-là)*, le locuteur tient à bien différencier les deux femmes.

3. eso
Il s'agit du pronom démonstratif neutre intermédiaire, car bien que cela soit arrivé au locuteur, dans ce cas présent c'est son interlocuteur qui en fait les frais.

4. aquel
Bien que cela remonte à longtemps, la locutrice n'a pas oublié la goujaterie... On la comprend !

 « Aquel » peut aussi s'employer pour dire de quelqu'un qu'il a du chien, du charme. « Monedero » est une cabine téléphonique en Amérique du Sud.

5. ese
La vilaine bête n'est pas près du locuteur, sinon celui-ci aurait pu dire « este » en la montrant. Cependant, comme « ese » peut avoir aussi une connotation méprisante – et marquer ainsi une distance affective – on peut aussi supposer que ce désobligeant matou est en train de se faire pardonner sur les genoux du locuteur.

6. aquella
Nous vous parlons d'un temps que les moins de vingt ans ne peuvent pas connaître : à cette époque-là, les portables n'existaient pas. Cet adjectif démonstratif est l'équivalent de la forme composée *ce, cette...-là*, l'adverbe *là* marquant l'éloignement.

63

7. esto
Il s'agit du pronom neutre qui marque la proximité spatiale, temporelle ou psychologique avec le locuteur.

8. este
« Es el chico este » est une tournure emphatique que l'on peut traduire par *c'est ce fameux garçon*.

9. esta
Cette semaine catastrophique constitue l'actualité du locuteur. Cette proximité dans le temps et le fait qu'il en soit le propre acteur impliquent l'emploi de ce pronom démonstratif.

10. aquello
Ce pronom démonstratif neutre qui marque l'éloignement est aussi employé pour ne pas mentionner directement quelque chose. « ¿ Hiciste aquello ? » est donc l'équivalent du mystérieux *tu l'as fait ?*
   Ex. : ¿ Sabes aquello de Pedro y Pablo ? *Tu es au courant pour Paul et Pierre ?*

11. ésta
Le pronom démonstratif « ésta » *(celle-ci)* permet au locuteur de bien différencier la succulente paella de mamie Carmen de celle, moins savoureuse, qu'il est en train de manger au restaurant... et qui est donc très proche de lui dans le temps comme dans l'espace... hélas !

12. éste et ése
Dans le premier cas, le pronom démonstratif « éste » *(celui-ci)* désigne ce qui est très proche du locuteur puisqu'il renvoie à ce qui lui appartient. En revanche, il marque une distance avec « ése » *(celui-là)* qui renvoie à ce qui appartient à son interlocuteur.

Sachez relativiser !

1. que
Le relatif « que » est le plus employé. Son antécédent peut être une chose ou une personne. Dans ce cas, « que » est le COD (complément d'objet direct) de la relative.

2. la que / quien

Le relatif « quien » a toujours pour antécédent une personne. Il est ici COD de la relative et précédé de la préposition « a ». On peut dans ce cas utiliser aussi « la que », car ce relatif doit être précédé d'une préposition. Il s'agit ici d'une tournure emphatique.

Ex. : Soy yo quien (el que/la que) mando. *C'est moi qui commande.*

3. cuyo

Cuyo *(dont le / la / les)* est un relatif qui s'accorde toujours en genre et en nombre avec le nom qui le suit.

4. lo cual

Ce relatif est neutre et correspond à *ce qui*. Il est précédé d'une virgule. Le relatif neutre « lo que » a le même sens mais n'est pas précédé d'une virgule.

Ex. : No entiendo lo que le pasa a Kelly. ¿ Por qué ya no quiere ella casarse con Brandon ? *Je ne comprends pas ce qui arrive à Kelly. Pourquoi ne veut-elle plus se marier avec Brandon ?*

5. el que / quien

Même cas que dans la phrase **2**.

6. quien / la cual

Ces pronoms relatifs ont valeur ici de sujet de la relative explicative. Ils sont dans ce cas toujours précédés d'une virgule. Ils signifient *laquelle, qui*. Le relatif « el cual » précédé d'une préposition est peu employé et sera plus souvent remplacé par « el que ».

Ex. : Es el peinado con el que (con el cual) se hizo famoso Antonio Banderas. *C'est la coiffure qui a rendu Antonio Banderas célèbre.*

7. en la que / donde

Deux possibilités pour traduire *où*. Le relatif « donde » peut être précédé d'une préposition.

Ex. : Antonio Banderas trabajó una semana en la peluquería de la calle por donde ya pasamos. *Antonio Banderas a travaillé une semaine dans le salon de coiffure de la rue où nous passons maintenant.*

8. que

Le relatif « que » a valeur ici de sujet de la relative et signifie *qui*.

9. cuya
Ici, « en cuya casa vivo » signifie *chez qui je vis.*

10. que
Le relatif « que » est ici sujet de la relative et se traduit par *qui.*

8

El hábito no hace al monje[1]

Prejuicios perjudicantes / Préjugés nuisibles

En route pour un chapitre anticonformiste, histoire de malmener de vilains préjugés, d'apprendre à dire non et de bouder quelques obligations. Bref, vous avez le droit de n'en faire qu'à votre tête pendant ces quelques pages, pourvu que vous trouviez les bonnes réponses ! Évitez tout de même de vous entêter dans vos lacunes lexicales et pensez à consulter le tableau de vocabulaire.

Non au ouï-dire !

Nous voici au marché de San Lorenzo de la Parrilla, petite bourgade de la province de Cuenca (Castilla la Mancha). Retrouvez les « on-dit » de Pilar et Dolores pour être au fait des derniers commérages devant chez le fromager.
Choisissez dans cette liste les tournures appropriées équivalentes à *on*. L'une d'entre elles est utilisée deux fois.

se venden – son – se puede – les metan – una – podemos – uno – ponen – pueden – se les meta – se pone – dicen – venden – se dice – somos – puedan

PILAR : ¿ Sabe usted aquello de la Magdalena ? (1) .... que va a casarse con el Roberto de la panadería.
DOLORES : ¡ Ostras ! ¿ El solterón gordito ?
PILAR : Ése sí. ¡ Qué vergüenza ! ¡ Fíjese ! ¡ La Magdalena tiene sesenta y siete años, y él cincuenta y pico, no más ! Fue un choque cuando me lo contó la Pepa.

---

1. « L'habit ne fait pas le moine. »

DOLORES : ¿ La Pepa de la casa « **(2)** .... tomates » ?

PILAR : ¡ Qué no mujer ! Me lo contó mi prima Pepa y no esa roñosa madrileña que vende tomates podridos ! Nunca **(3)** .... confíar en una madrileña.

DOLORES : ¡ De ninguna manera ! ¡ En San Lorenzo no **(4)** .... como esa gente de la capital ! ¡ Uy ! ¡ Como ya quema el sol ! **(5)** .... se cansa esperando así !

PILAR : No hay tanta gente delante de la quesería Vidal.

DOLORES : Vidal es aragonés y no me gustan sus modales. Prefiero seguir esperando aquí. Y **(6)** .... tiene sus costumbres.

PILAR : Claro, claro...¿ Sabe usted qué **(7)** .... en la tele esta noche ?

DOLORES : Creo que es un documental sobre el maltratamiento a las mascotas. ¡ Qué horror ! No comprendo que **(8)** .... maltratar a las mascotas.

PILAR : ¡ Qué barbaridad ! ¡ Que **(9)** .... a la cárcel a esas bestias !

DOLORES : Parece mentira. Tanto odio. ¡ Qué Dios nos proteja !

Oui au dire non !

Trouvez la négation adaptée à chacune de ces phrases. Attention, plusieurs réponses sont possibles pour certaines phrases.

1. España........ es....... « ¡ ole ! ». Es mucho más cosas.

   a) no... sino   **b)** no... pero   **c)** no... sólo

2. .... llevan todos ponchos en América Latina .... en Perú.

   a) no .... ni siquiera **b)** no .... ni   **c)** ni... ni

3. .... baila el tango en mi familia aunque somos argentinos.

   a) nada   **b)** nadie   **c)** ninguno

4. .... hay .... un 5 % de la población hispanohablante que pronuncia la zeta.

   a) no... sino   **b)** no... más que **c)** no... que

5. .... he estado bajo las órdenes de alguien.

   a) nunca   **b)** nadie   **c)** jamás

6. .... tienen .... derecho a impedir esa fiesta.
    a) no .... ninguno   **b)** no ... ningún **c)** no ... alguno

7. Carmen .... sabe preparar la paella .... bailar flamenco.
    a) no .... ni   **b)** no .... no   **c)** no ... tampoco

8. A Pablo .... le gusta la sangría .... la vodka.
    a) no... pero   **b)** no... sino   **c)** no .... ni

9. A Ana .... le gusta bailar .... vendrá con nosotras a la discoteca.
    a) no .... pero   **b)** no ... sino   **c)** no .... no

10. Las mujeres españolas .... llevan luto durante veinte años .... son todas fervientes católicas.
    a) no .... ni siquiera **b)** ya no ... ni   **c)** no ... no

11. .... habla................ se divierte, ¡ Vaya aguafiestas !
    a) no ... pero   **b)** ni ... ni   **c)** no ... ni siquiera

12. .... sé lo que tengo que hacer, ... no te pido permiso.
    a) no más que ...   **b)** no ... pero   **c)** no sólo... sino que
        sino que   también

13. A mí no me da la gana ....
    a) también   **b)** tampoco   **c)** ni siquiera

14. .... soy español y marroquí .... catalán y europeo. No es contradictorio tener varias identidades.
    a) no sólo ... sino **b)** no sólo ...   **c)** no ... pero
        también   sino que también

15. Es un chico muy simpático aunque ...... hace .... tonterías.
    a) no .... más que **b)** no ... sólo   **c)** no ... sino

Devoirs non obligatoires

Offrons-nous le luxe un instant d'aller à contre-courant des devoirs et obligations qu'on nous impose. Retrouvez la forme qui convient à chaque phrase dans la liste suivante :

debes – habéis de – será necesario – hay que – es preciso que – tenemos que

1. ¿ .... trabajar más para ganar más ?
2. No .... casarnos si queremos seguir juntos.
3. .... conformaros con ese estúpido reglamento.
4. Para mí, no .... hacer deporte para sentirse mejor sino vivir al día.
5. .... te diviertas y salgas. No te preocupes, harás tu deberes mañana.
6. Mira, no .... respetar su elección porque es una tontería.

Une panne de vocabulaire ?

¿ Sabe usted aquello de... ? : *vous êtes au courant pour... ?*
Casarse : *se marier*
Panadería : *boulangerie*
¡ Ostras ! : *ça alors !*
Solterón : *vieux garçon*
Gordito : *rondouillet*
¡ Qué vergüenza ! : *quelle honte !*
¡ Fíjese ! : *rendez-vous compte !*
Y pico : *et quelques*
¡ Qué no mujer ! : *houla non !*
Prima : *cousine*
Roñosa : *radine*
Podridos : *pourris*
Quema : *brûle* (quemar = *brûler*)
Se cansa : *se fatigue* (cansarse = *se fatiguer*)
Quesería : *fromagerie*
No me gustan sus modales : *je n'aime pas ses manières*
Seguir esperando : *continuer à attendre*
Costumbres : *habitudes*
Maltratamiento : *maltraitance*
Mascotas : *animaux domestiques*
¡ Qué barbaridad ! : *quelle horreur !*
Cárcel : *prison*
Bestias : *brutes*

Parece mentira : *c'est incroyable*
Odio : *haine*
Aunque + indicatif : *bien que* + subjonctif
La zeta : *la lettre « z »*
Bajo las órdenes : *sous les ordres*
Impedir : *empêcher*
Llevan luto : *portent le deuil*
Se divierte : *il s'amuse* (divertirse = *s'amuser*)
¡ Vaya aguafiestas ! : *quel rabat-joie !*
No te pido permiso : *je ne te demande pas la permission*
No me da la gana : *je n'en ai pas envie*
Marroquí : *marocain*
Tonterías : *sottises, bêtises, n'importe quoi*
Seguir : ici, *rester, être*
Juntos : *ensemble*
Deporte : *sport*
Vivir al día : *vivre au jour le jour*
Salgas : 2e pers. du sing. du subjonctif présent de « salir » *(sortir)*
¡ Mira ! : ici, *écoute !* (interjection)
Elección : *choix*

Réponses

Non au ouï-dire !

1. se dice
On se traduit par la construction avec le pronom réfléchi « se »
quand il s'agit d'exprimer une généralité, une possibilité, une
obligation, une habitude qui implique les autres mais aussi le
locuteur. En effet, Pilar prend largement part à ce commérage !
> Ex. : No se debe hablar mal de sus vecinos. *On ne doit pas
> médire de ses voisins.*

2. se venden
Si le COD est un complément de personne indéterminé ou un
complément de chose, il devient sujet du verbe en espagnol.
Ainsi le verbe *vender* s'accorde avec le sujet *tomates*.
> Ex. : Se necesitan secretarias. *On cherche des secrétaires.*

3. se puede
Même cas que pour la réponse 1.

4. somos
Dolores revendique haut et fort son appartenance au village de
San Lorenzo de la Parrilla. Lorsque le locuteur s'implique for-
tement dans le propos, *on* devient l'équivalent de *nous*.

5. una
Lorsque le verbe est pronominal comme « cansarse », l'emploi
de « se » est impossible. On le remplace alors par « uno » (lorsque le locuteur est masculin) ou par « una » au féminin.

6. una
« Uno (a) » désigne en réalité celui qui parle.
> Ex. : Una teme al qué dirán. *On a peur (j'ai peur) du qu'en-
> dira-t-on.*

7. ponen
Lorsque *on* représente une ou plusieurs personnes sauf le locuteur, le verbe est conjugué à la troisième personne du pluriel.
> Ex. : Llaman a la puerta. *On frappe à la porte.*

8. puedan
Même cas que précédemment. Dolores n'est pas une de ces
brutes épaisses... Elle ne peut pas avoir tous les défauts tout de

même ! Remarquez que le verbe est au subjonctif présent après la tournure « no comprendo que », comme en français.

9. se les meta
On est traduit ici par le pronom « se » (comme dans la réponse **1**), suivi par le pronom personnel COD masculin *les*. Dans ce cas, le pronom personnel COD masculin sera toujours *le* ou *les*.
   Ex. : Se le acusa porque no es él del pueblo. *On l'accuse parce qu'il n'est pas du village.*

Oui au dire non !

1. c
« No es sólo » est l'équivalent français de « n'est pas seulement / que ». Si vous avez choisi la restriction « no... sino », vous dites strictement l'inverse : *L'Espagne ce n'est que olé !*

2. a ou b
« No... ni siquiera » a le sens de *ne... pas même* et « no... ni » signifie *ne... ni*. Les deux options sont possibles. Cependant, la première tournure est la plus fréquente dans ce cas.

3. b
« Nadie » signifie *personne*. Il n'y a pas d'autre négation après « nadie ».

4. b
« No... más que » *(ne... que)* est le restrictif employé pour une idée de quantité.

5. a ou c
« Nunca » et « jamás » signifient *jamais*.

6. b
« No... ningún » signifie *ne... aucun*. L'adverbe « ninguno » s'apocope (le *o* final chute) devant un nom masculin singulier. Ce qui est le cas aussi de « primero », « tercero », « bueno », « malo », « alguno ».
Remarque : « ninguno » s'accorde en genre et en nombre.
   Ex. : No me gusta ninguna de ellas. *Aucune d'elles ne me plaît.*

7. a ou c
« no... ni » ou « no... tampoco » *(ne... non plus)* sont deux négations possibles ici pour dire que Carmen ne répond ni à l'un ni à l'autre de ces clichés ibères.

8. b ou **c**
Les deux réponses sont possibles, mais disent des choses bien différentes. « No... ni » exclut les deux boissons alors que « no... sino » *(ne... mais)* exclut juste la sangria. Après un verbe négatif, « sino » introduit une opposition totale.

9. a
« No... pero » *(ne... mais / en revanche)*. Ici, la négation de début de phrase n'introduit pas une opposition totale mais une nuance, une précision ou une restriction.
   Ex : Es un hombre austero pero bueno. *C'est un homme austère mais bon.*

10. a ou **b**
Les deux réponses sont correctes, mais apportent des nuances différentes. « No... ni siquiera » se traduit par *ne... pas même* et « ya no... ni » par *ne... plus... ni*. La deuxième réponse insiste donc sur le changement de situation.

11. b ou **c**
Deux possibilités ici aussi. La réponse « no... ni siquiera » insiste davantage sur l'aspect rabat-joie du personnage alors que « ni... ni » est moins chargé émotionnellement et rend juste compte d'un constat.

12. c
« No sólo... sino que también » est l'équivalent de *non seulement... mais de plus*. On ajoute le relatif « que » après « sino » et devant un verbe conjugué.

13. b
« Tampoco » signifie *non plus*.

14. a
Réponse proche de la phrase **12**, mais ici il ne faut pas ajouter le relatif « que » puisqu'il n'y a pas de verbe conjugué après « sino ».

15. c
« No... sino » est le restrictif qui introduit une idée de manière.

Devoirs non obligatoires

1. Será necesario

« Será » est le futur du verbe « ser » et rend compte ici d'une hypothèse. L'obligation « es necesario » est impersonnelle (car dans ce cas le verbe n'a pas de véritable sujet) et est suivie d'un infinitif. Elle a comme équivalents « es preciso », « es menester », « hace falta » et « hay que » et se traduit en français par *il faut*.

 Ex. : Es preciso tener tiempo libre. *Il faut avoir du temps libre.*

2. tenemos que

« Tener que » suivi de l'infinitif est une obligation personnelle et a comme équivalent en français *devoir*.

3. Habéis de

L'obligation personnelle « haber de » est suivie de l'infinitif et signifie *devoir*. Cette tournure exprime soit une obligation qui découle d'un règlement ou d'un accord soit une probabilité.

 Ex. : Creo que ha de llegar ella lunes por la tarde. *Je crois qu'elle doit arriver lundi après-midi.*

4. hay que

« Hay que » est une obligation impersonnelle qui signifie *il faut*.

5. Es preciso que

L'obligation personnelle « es preciso que » a pour équivalents « es necesario que », « es menester que », « hace falta que ». Ces tournures sont suivies du subjonctif et se traduisent en français par « il faut que ».

 Ex : Hace falta que hagas lo que te gusta. *Il faut que tu fasses ce que tu aimes.*

6. debes

Le verbe « deber » suivi de l'infinitif est une obligation personnelle le plus souvent d'ordre moral.

 Ex : No debemos aceptar lo inaceptable. *Nous ne devons pas accepter l'inacceptable.*

9
Lo importante es participar

Progresar divirtiéndose / Progresser en s'amusant

Place aux champions en tout genre : voici un chapitre pour réviser le vocabulaire lié au sport et aux loisirs. L'occasion idéale pour aborder l'« aspect [1] » de l'action, son début, son déroulement, sa fin et son résultat. Inutile de stresser : l'important est de participer, vous ne risquez ni carton rouge ni hors-jeu ! Et pour ne pas rester sur la touche lexicale... reprenez votre souffle grâce au tableau de vocabulaire !

Passez à l'action !

À chacun sa façon de se distraire et de recharger les batteries. Que ce soit en jouant au Scrabble dans la salle des fêtes ou en transpirant sur un terrain de rugby boueux, vous pouvez réviser les différentes tournures de l'action (début, déroulement, fin, résultat).

Faites correspondre chaque début de phrase de la première liste avec la fin qui lui correspond dans la seconde liste en inscrivant le bon numéro dans chaque case.

1. Nos fuimos
2. Acabé por ganar el partido
3. Vamos a tomar una copa
4. No corre mucho más rápido
5. Suelo ir al cine
6. A la abuela le duele la cabeza

---

1. En grammaire, l'« aspect » est la façon d'envisager le déroulement de l'action.

7. De momento
8. Se echó a reír
9. A pesar de sus setenta y cinco años,
10. Por su determinación inquebrantable,
11. El desdichado jugador Da Silva
12. Miguel, dame una cerveza

❒ vuelve a caer en un charco.
❒ los domingos por la tarde.
❒ Monica sigue bailando el rock.
❒ Víctor va progresando.
❒ cuando se puso a cantar la Pili.
❒ para celebrar la victoria.
❒ porque lleva dos horas haciendo crucigramas.
❒ pero fue un adversario temible.
❒ desde que dejó de fumar.
❒ que me deja agotada la clase de stretching.
❒ están jugando al fútbol en la plaza.
❒ cuando Pepe le contó un chiste de Lepe.

Faites entrer les remplaçants !

Trouvez la tournure progressive qui permet de remplacer l'expression soulignée. Vous devrez utiliser :

ir + gérondif = l'action se déroule lentement
llevar + quantité de temps + gérondif = *depuis, cela fait*
estar + gérondif = *être en train de*
seguir + gérondif = *continuer à, de*
soler + infinitif = *avoir l'habitude de*
volver a + infinitif = l'action se répète

1. Da Silva <u>ya</u> (..........) corre a toda velocidad y debemos temernos una caída espectacular.

2. Elena lee <u>desde hace</u> (..........) dos horas con una avidez pasmosa.

3. Marta duerme <u>todavía</u> (..........), se ha pasado la noche en la disco.

4. <u>Poco a poco</u> (..........) aprendo las reglas del bridge.

5. El jugador número 5 comete <u>otra vez</u> (..........) una falta personal.

6. <u>Regularmente</u> (..........) el abuelo tiene mucha suerte con las cartas.

Espace relaxation

Après vos exploits grammaticaux, vous avez bien mérité de vous détendre un peu tout en continuant de jouer. Dans la grille suivante, vous devrez trouver 10 mots en rapport avec les loisirs et le sport autour du verbe « divertirse » *(s'amuser)*.
Voici les définitions de ces 10 mots :

1. Para unas personas, eso significa no hacer absolutamente nada.

2. Pueden ser del Real Madrid o del Barça.

3. Es la mejor estación para los juegos al aire libre.

4. El fútbol es uno pero el Scrabble no lo es.

5. Es un sinónimo de divertirse.

6. Cuando se enfrentan dos equipos.

7. Un ocio de la nueva generación.

8. Consta de 32 o 54 cartas.

9. Espacios donde se juega al fútbol, al rugby o al baloncesto.

10. El portero tiene que atraparla.

Si vous perdez vos nerfs à chercher ces mots, redevenez zen en vous aidant de la liste suivante dans laquelle ils se cachent. Attention aux intrus !

conchas – partido – descolgar – verano – canchas – pelota – melena – baraja – hinchas – barrio – videojuego – entretenerse – vigilar – descansar – dinámicas – entreabiertos – deporte – gimnástico

						D							
1						D							
2						I							
3						V							
4						E							
5						R							
6						T							
7						I							
8						R							
9						S							
10						E							

Une panne de vocabulaire ?

Nos fuimos : 1re pers. du plur. du passé simple de « irse » *(s'en aller)*

El partido : *la partie, le match*

Tomar una copa : *prendre un verre*

Le duele la cabeza : *elle a mal à la tête*

A pesar de : *malgré*

Inquebrantable : *inébranlable*

Desdichado : *malheureux*

Jugador : *joueur*

Cerveza : *bière*

Caer : *tomber*

Charco : *flaque*

Se puso : 3e pers. du sing. du passé simple de « ponerse » *(se mettre)*

Crucigramas : *mots-croisés*

Temible : *redoutable*

Agotado (a) : *épuisé(e)*

Un chiste de Lepe : *une blague de Lepe* (petite ville d'Andalousie qui fait l'objet d'un grand nombre de blagues)

Corre a toda velocidad : *il court à toute vitesse*

Debemos temernos : *on redoute*

Caída : *chute*

Avidez : *avidité*

Pasmoso (a) : *sensationnel (le)*

Todavía : *encore*

Otra vez : *encore une fois*

Regularmente : *généralement, régulièrement*

Abuelo : *grand-père*

Falta : *faute*

Tiene suerte : *il a de la chance* (tener suerte = *avoir de la chance*)

Estación : *saison*

Ocio : *loisir*

Consta de : *se compose de*

Baloncesto : *basket-ball*

Portero : *gardien de but*

Tiene que : *il doit* (« tener que » + infinitif = *devoir*)

Réponses

Passez à l'action !

11. El desdichado jugador Da Silva... vuelve a caer en un charco.
« Volver a » suivi de l'infinitif traduit l'action qui se répète.
> Ex. : El público vuelve a hacer la ola. ¡ Qué ambientazo, Juan Pablo ! *Le public fait à nouveau la ola. Quelle ambiance, Jean-Paul !*

5. Suelo ir al cine... los domingos por la tarde.
« Soler » suivi de l'infinitif est l'équivalent de *avoir l'habitude de* + infinitif.
> Ex. : No suelo hacer deporte, además detesto el olor a sudor. *Je n'ai pas l'habitude de faire du sport, de plus je déteste l'odeur de la sueur.*

9. A pesar de sus setenta y cinco años... Monica sigue bailando el rock.
« Seguir » + gérondif est l'équivalent de *continuer à, de* + infinitif.
> Ex. : Sigo haciendo stretching sólo porque el profe es más hermoso que el sol. *Je continue à faire du stretching seulement parce que le prof est beau comme un dieu.*

Remarque : Pour former un gérondif ou un participe présent, il faut remplacer la terminaison des verbes en -AR par -ANDO et des verbes en -ER/-IR par -IENDO.
> Ex. : cantar → cantando, beber → bebiendo, vivir → viviendo.

10. Por su determinación inquebrantable... Víctor va progresando.
« Ir » + gérondif rend compte d'une action qui se déroule peu à peu. Il ne faut pas confondre cette tournure avec « ir » + « a » + infinitif qui a pour équivalent en français le futur proche *aller* + infinitif.
> Ex. : Voy enseñándoles unas estrategias para el campeonato. *Je leur apprends peu à peu (petit à petit) quelques stratégies pour le championnat.*
> Ex. : Voy a enseñarles unas estrategias. *Je vais leur apprendre quelques stratégies.*

1. Nos fuimos... cuando se puso a cantar la Pili.

« Ponerse a » suivi de l'infinitif se traduit par *se mettre à* + infinitif.

3. Vamos a tomar una copa... para celebrar la victoria.

Il s'agit de la tournure de futur proche « ir » + « a » + infinitif mentionnée dans la réponse 10.

6. A la abuela le duele la cabeza... porque lleva dos horas haciendo crucigramas.

« Llevar » + quantité de temps + gérondif est l'équivalent de *depuis, cela fait.*

> Ex. : Llevo dos horas aguantando el frío y el jaleo en el estadio. *Cela fait deux heures que je supporte (je supporte depuis deux heures) le froid et le vacarme dans le stade.*

2. Acabé por ganar el partido... pero fue un adversario temible.

« Acabar por » suivi de l'infinitif se traduit par *finir par* + infinitif. Ne confondez pas cette tournure avec « acabar de » + infinitif qui signifie *venir de* + infinitif.

> Ex. : El equipo de Lepe acaba por marcar un punto. *L'équipe de Lepe finit par marquer un point.*
> Ex. : El equipo de Lepe acaba de marcar un punto. *L'équipe de Lepe vient de marquer un point.*

4. No corre mucho más rápido... desde que dejó de fumar.

« Dejar de » suivi de l'infinitif est l'équivalent de *arrêter de, cesser de* + infinitif et rend compte de la fin de l'action.

12. Miguel, dame una cerveza... que me deja agotada la clase de stretching.

« Dejar » + participe passé rend compte du résultat de l'action.

> Ex. : Alberto debe dejar de correr y eso le deja angustiado. *Albert doit arrêter de courir et cela l'angoisse.*

7. De momento... están jugando al fútbol en la plaza.

« Estar » + gérondif rend compte de l'action qui est en train de se dérouler.

8. Se echó a reír... cuando Pepe le contó un chiste de Lepe.

« Echarse a » + infinitif est un équivalent de « ponerse a » + infinitif (voir réponse 1).

Faites entrer les remplaçants !

1. Da Silva **está corriendo** a toda velocidad y debemos temernos una caída espectacular.
Dans une phrase au présent, « ya » a le sens de *voici, voilà, maintenant,* et peut être remplacé par la tournure progressive « estar » + gérondif.

2. Elena **lleva dos horas leyendo** con una avidez pasmosa.
« desde hace » signifie *depuis,* ce qui est aussi le cas de la tournure « llevar » + quantité de temps + gérondif.

3. Marta **sigue durmiendo**, se ha pasado la noche en la disco.

4. Voy aprendiendo las reglas del bridge.

5. El jugador número 5 **vuelve a cometer** una falta personal.

6. El abuelo **suele tener** mucha suerte con las cartas.

Espace relaxation

1							D	E	S	C	A	N	S	A	R
2						H	I	N	C	H	A	S		
3						V	E	R	A	N	O			
4					D	E	P	O	R	T	E			
5			E	N	T	R	E	T	E	N	E	R	S	E
6		P	A	R	T	I	D	O						
7				V	I	D	E	O	J	U	E	G	O	
8			B	A	R	A	J	A						
9	C	A	N	C	H	A	S							
10				P	E	L	O	T	A					

Les mots de la grille :
1. DESCANSAR : *se reposer*
2. HINCHAS : *les supporters*
3. VERANO : *l'été*
4. DEPORTE : *sport*
5. ENTRETENERSE : *se distraire*
6. PARTIDO : *partie, match*
7. VIDEOJUEGO : *jeu vidéo*
8. BARAJA : *jeu de cartes, ensemble des cartes*
9. CANCHAS : *terrains*
10. PELOTA : *ballon*

Les intrus :
descolgar : *décrocher*
conchas : *coquilles, coquillages*
melena : *longue chevelure, crinière*
barrio : *quartier*
vigilar : *surveiller*
entreabiertos : *entrouverts*
dinámicas : *dynamiques*
gimnástico : *gymnastique*

10

¡ Madre mía !

Yo y los míos / Moi et les miens

Non, la vie n'est pas un long fleuve tranquille et la famille nous réserve souvent de nombreuses surprises, les meilleures comme les pires ! Amusons-nous à faire le tour de nos tribus afin de réviser le vocabulaire des liens de parenté et les pronoms personnels sujets et compléments. Et si vous vous perdez dans les ramifications de l'arbre généalogique, accrochez-vous aux branches et consultez le tableau lexical.

Album de famille

Quel imbroglio, les liens de parenté ! Voici un petit exercice pour vous y retrouver et épater la galerie lors de la prochaine réunion familiale : « Hubert ? c'est simple, c'est le cousin au quatrième degré de Marie-Eugénie, cousine germaine de notre arrière-grand-tante par alliance Adelaïde... » Faites correspondre chaque définition à un membre de la famille en inscrivant le bon numéro dans chaque case.

1. La hermana de mi madre
2. El padre del padre de mi padre
3. El hijo de mi hermana
4. La esposa de mi hermano
5. El marido de mi hermana
6. El hermano de mi padre
7. La madre de mi madre
8. La hija de mi madrastra y mi padre
9. El marido de mi hija
10. El hijo de mi nuera
11. El hijo de la hermana de mi padre

❏ mi yerno
❏ mi cuñada
❏ mi abuela
❏ mi sobrino
❏ mi nieto
❏ mi suegro
❏ mi primo
❏ mi bisabuelo
❏ mi tío
❏ mi hermanastra
❏ mi cuñado

12. El padre de mi hermanastro   ❐ mi tía
13. El padre de mi marido   ❐ mi padrastro

Toi, moi, nous...

Nous désignons souvent les personnes de notre entourage par des pronoms, il est donc indispensable de bien les connaître. Dans les phrases suivantes, remplacez les mots soulignés par les pronoms personnels adéquats. N'oubliez pas l'*enclise* (le pronom s'attache à la fin du verbe lorsque celui-ci est à l'impératif, au gérondif ou à l'infinitif).

Ex. : <u>Mamá</u> está preparando <u>una sorpresa</u> para <u>Esteban</u> : *Ella está preparándola para él.*

Remarque : Un mot se terminant par une voyelle, un « n » ou un « s » a son accent tonique sur l'avant-dernière syllabe. Si l'on ajoute une syllabe (enclise), on doit écrire l'accent car le mot n'obéit plus à la règle de l'accentuation.

1. Ayer vi <u>a la tía Rosa</u> y le di <u>las fotos</u> : Ayer .... vi y .... di.

2. <u>El tío</u> molesta <u>a sus hijas</u> cuando cuenta <u>ese chiste</u> : .... molesta cuando .... cuenta.

3. <u>Pablo y yo</u> no queremos ver <u>a los primos</u> : .... no queremos ver ....

4. Abuelo, has bebido mucho, da <u>la botella</u> <u>a Felipe</u> : Abuelo, has bebido mucho, dá ....

5. <u>Tú y Marta</u> nunca escribís <u>a la bisabuela</u> : .... nunca .... escribís.

6. <u>Paula</u> me dijo <u>un increíble secreto de familia</u> : ..... me ..... dijo.

7. Invito <u>a Juan y a su novia</u> pero a <u>María,</u> ¡ ni hablar ! : ..... invito pero a ......, ¡ ni hablar !

8. Lo había dicho ya, <u>a ti y a tu marido</u>. Carlos va a visitar <u>a la abuela</u> sólo por la herencia : .... lo había dicho ya. Carlos va a visitar ...... sólo por la herencia.

9. No quiero que hereden <u>la casa</u>. Voy a escribir <u>al notario</u> : No quiero que ...... hereden. Voy a escribir ....

10. Desgraciadamente, <u>mis nietas</u> no heredaron de <u>mi hijo</u>. Se parecen mucho <u>a su madre</u> : Desgraciadamente, ... no heredaron de .... Se ...... parecen mucho.

Êtes-vous famille ?

Rien de tel qu'un test pour se détendre un peu... et mieux se connaître ! Le test suivant vous permettra de mesurer votre degré d'attachement à la famille. Parmi les propositions ci-dessous, choisissez la réponse qui vous convient le mieux. Puis consultez le tableau dans la partie Réponses pour calculer votre score et savoir si vous êtes plutôt *Rémi sans famille* ou *Sept à la maison* !

1. Cenar en casa de los abuelos es :
a. ¿ por qué no ?
b. ¡ tope guay !
c. ¡ socorro !
d. regular

2. Los domingos en familia es :
a. una vez al año
b. cada semana
c. ¡ ni hablar !
d. una vez al mes

3. Su animal tótem es :
a. el oso
b. el tigre
c. el perro
d. el gato

4. Sus vacaciones ideales :
a. una casa rural en Galicia
b. un apartamento a orillas del mar
c. una habitación doble en un hotel en Madrid
d. una tienda en los Piríneos

5. En cuanto a las fechas de cumpleaños, usted :
a. olvida hasta la suya
b. conoce la fecha de nacimiento de la bisabuela
c. marca en el calendario las fechas de cumpleaños de sus familiares
d. nunca olvida llamar a su madre

6. Su árbol genealógico es :
a. un bonsái
b. un tocón
c. un abeto
d. un roble

7. De niño, su sueño era :
a. ser trotamundos
b. enamorarse
c. vivir en casa de sus abuelos
d. tener hijos

8. La Navidad es para usted :
a. la celebración de la felicidad familiar
b. la celebración de la hipocrisía
c. la celebración del consumo
d. la oportunidad de visitar a los familiares

9. En su desván hay :
a. cajas llenas de fotos de familia
b. bolsas de basura llenas de ropa que dar
c. ni una mota de polvo
d. viejos fantasmas

10. Su lema de vida sería :
a. cuantos más seamos, más reiremos
b. más vale estar solo que mal acompañado
c. cuando una puerta se cierra, ciento se abren
d. el hombre es un lobo para el hombre

11. Le hubiera gustado nacer en la familia :
a. Ewing
b. Ingalls
c. Addams
d. Robinson Crusoé

12. El mejor regalo de boda es :
a. la luna de miel
b. las miradas emocionadas de sus padres
c. la descedencia en los años venideros
d. el divorcio

13. La pareja ideal sería :
a. Romeo y Julieta
b. Bonnie y Clyde
c. Shrek y la princesa Fiona
d. el príncipe Felipe y la princesa Letizia

14. Su plato preferido es :
a. cocido para 12 personas
b. hamburguesa solo
c. pasta para 5 personas
d. partir un bocadillo

15. El coche ideal es :
a. un monoespacio
b. un cupé
c. un tres puertas
d. una bicicleta

Une panne de vocabulaire ?

Yerno : *gendre*
Cuñada (o) : *belle-sœur, beau-frère*
Abuela : *grand-mère*
Sobrino : *neveu*
Nieto : *petit-fils*
Suegro : *beau-père*
Primo : *cousin*
Madrastra : *belle-mère*
Bisabuelo : *bisaïeul, arrière-grand-père*
Tío (a) : *oncle, tante*
Nuera : *belle-fille, bru*
Hermanastra (o) : *demi-sœur, demi-frère*
Padrastro : *beau-père*
Vi : 1re pers. du sing. du passé simple de « ver » *(voir)*
Di : 1re pers. du sing. du passé simple de « dar » *(donner)*
Molesta : *il gêne* (molestar = *gêner*)
Ese chiste : *cette blague*
Nunca : *jamais*
Novia : *fiancée*
¡ Ni hablar ! : *pas question !*
Herencia : *héritage*
Hereden : 1re pers. du sing. du subjonctif présent de « heredar »*(hériter)*
Desgraciadamente : *malheureusement*
Se parecen a : *ils ressemblent à* (parecerse a = *ressembler à*)
Cenar : *dîner*
¡ Tope guay ! : *super cool !*
¡ Socorro ! : *au secours !*
Regular : *bof, moyen, couci-couça*
Una vez al mes : *une fois par mois*
Oso : *ours*
Perro : *chien*

Gato : *chat*
Casa rural : *gîte*
A orillas del mar : *au bord de la mer*
Tienda : *tente*
Fechas de cumpleaños : *dates d'anniversaire*
Olvida : (olvidar = *oublier*)
Hasta la suya : *même la vôtre*
Nacimiento : *naissance*
Los familiares : *les proches*
Tocón : *souche*
Abeto : *sapin*
Roble : *chêne*
Trotamundos : *globe-trotter*
Enamorarse : *tomber amoureux*
Felicidad : *bonheur*
Desván : *grenier*
Cajas : *boîtes*
Llenas : *pleines*
Bolsas de basura : *sacs-poubelle*
Ropa : *vêtements*
Mota de polvo : *grain de poussière*
Lema : *devise*
Cuantos más seamos, más reiremos : *plus on est de fous, plus on rit*
Más vale : *mieux vaut*
Cuando una puerta se cierra, ciento se abren : *un(e) de perdu(e), dix de retrouvé(e) s*
Lobo : *loup*
Nacer : *naître*
Regalo de boda : *cadeau de mariage*
Miradas : *regards*
Años venideros : *années à venir*
Pareja : *couple*
Cocido : *pot-au-feu*
Partir : *partager*
Bocadillo : *sandwich*

Réponses

Album de famille

1. → mi tía 2. → mi bisabuelo 3. → mi sobrino 4. → mi cuñada
5. → mi cuñado 6. → mi tío 7. → mi abuela 8. → mi hermanastra 9. → mi yerno 10. → mi nieto 11. → mi primo 12. →
mi padrastro 13. → mi suegro

Toi, moi, nous...

1. Ayer **la** vi y **se las** di.

« La tía Rosa » est complément d'objet direct (COD) animé,
alors que « las fotos » est COD inanimé. Mais qu'il s'agisse d'une
chose ou d'une personne, le COD féminin ne peut être remplacé
que par un seul pronom : « la, las ». Nous pouvons en déduire
que la grammaire fut longtemps une affaire d'hommes !

On ne pourra garder le pronom complément d'objet indirect
(COI) « le ». Quand deux pronoms de la 3e personne se suivent,
le pronom COI « le, les » devient « se ».

Remarque : En espagnol, le pronom COI précède toujours le
pronom COD.

2. **Él las** molesta cuando **lo** cuenta.

« El tío » est sujet de la phrase. Les pronoms sujets en espagnol
sont peu employés et permettent d'insister ou d'éviter des
confusions entre certaines formes verbales, lorsque le contexte
n'est pas assez clair.

> Ex. : Pues yo lo recuerdo perfectamente. ¡ Ayer fui yo quien
> fregué los platos ! *Eh bien moi, je m'en souviens parfai-
> tement. Hier c'est moi qui ai fait la vaisselle !*

> Ex. : Cuando él era niño, pasaba mucho tiempo con su
> abuelo. *Quand il était petit, il passait beaucoup de temps
> avec son grand-père.*

Le verbe « era » peut signifier *il était, j'étais* ou *vous étiez* (vou-
voiement de politesse).

Le COD animé « sus hijas » peut être remplacé par le pronom
« las ».

Remarque : En espagnol, le COD de personne est introduit par
la préposition « a » (comme le COI).

89

Ex. : Hablo a Isabel. *Je parle à Isabelle* (COI) / Le hablo. *Je lui parle.*

Ex. : Veo a Isabel. *Je vois Isabelle* (COD) / La veo. *Je la vois.*

Le COD inanimé « ese chiste » est remplacé par le pronom « lo ».

3. Nosotros no queremos ver**los**/ver**les**.

Le sujet de la phrase est « Pablo y yo » et est remplacé par le pronom sujet « nosotros ».

Remarque : Les pronoms sujets « nosotros » et « vosotros » ont un féminin : « nosotras », « vosotras ».

Le COD animé « los primos » est remplacé par « los ». L'usage du pronom « les » est plus rare, alors qu'au singulier, dans le même cas, « le » et « lo » s'emploient indifféremment.

4. Abuelo, has bebido mucho, dásela.

Il faut penser à respecter l'ordre COI puis COD et à l'enclise sur le verbe à l'impératif. Le COI « Felipe » devient « se » puisque le COD « la » qui suit est aussi à la 3ᵉ personne.

5. Vosotros/vosotras nunca **le** escribís.

Le sujet est « tú y Marta » et « la bisabuela » est le complément COI. Le pronom « le » est utilisé pour tous les COI animés, féminins comme masculins.

6. Ella me **lo** dijo.

Le sujet de la phrase est « Paula » et « un increíble secreto de familia » est le COD inanimé de la phrase.

7. Les invito pero a **ella**, ¡ ni hablar !

Le COI animé « Juan y su novia » est remplacé par le pronom « les ». Le COI « María » est remplacé par le pronom sujet « ella » car, après une préposition, l'espagnol emploie les pronoms sujets sauf pour la 1ʳᵉ et la 2ᵉ personne du singulier.

Ex. : Es un regalo para ti. *C'est un cadeau pour toi.*

Ex. : A mí me sale bien. *À moi, ça me réussit.*

Ex. : No podemos esperar nada de ellos. *On ne peut rien attendre d'eux.*

8. Os lo había dicho ya. Carlos va a visitar**la** sólo por la herencia.

Le COI « a ti y a tu marido » est remplacé par le pronom « os ». Ce pronom sera aussi utilisé pour les COD et comme pronom réfléchi.

Ex. : Os escucho. *Je vous écoute.*
Ex. : (Vosotros) os aburrís. *Vous vous ennuyez.*

9. No quiero que la hereden. Voy a escribirle.
Le COD « la casa » est remplacé par le pronom « la » et le COI
« el notario » par le pronom « le ».

10. Desgraciadamente, **ellas** no heredaron de **él**. Se **le** parecen
mucho.
Le sujet de la phrase est « mis nietas » et est donc remplacé par
le pronom sujet « ellas ». Le COI « mi hijo » introduit par la
préposition « de » devient « él ». Le COI « a su madre » est remplacé par le pronom « le ». Le pronom COI animé de la 3e personne est « le, les » au masculin comme au féminin.

Êtes-vous famille ?

	1	2	3	4	5	6	7	8	9	10	11	12	13	14	15
a	2	1	1	3	0	1	0	3	3	3	2	1	1	3	3
b	3	3	0	2	3	0	1	0	2	1	3	2	0	0	1
c	0	0	3	1	1	2	3	1	0	2	1	3	2	2	2
d	1	2	2	0	2	3	2	2	1	0	0	0	3	1	0

Vous avez entre 0 et 10 points :
Vous êtes du genre loup des Pyrénées plutôt que caniche à
Marbella... Dévorer un sandwich en bivouac en haut du pic
d'Aneto ou déambuler seul(e) dans les rues de Madrid est pour
vous le nec plus ultra. Pas de doute : vous cultivez une certaine
méfiance à l'égard du genre humain. Vous avez scié les branches de votre arbre généalogique et fuyez les clans sans états
d'âme. Pour vous, la famille est avant tout une structure artifi-
cielle et pesante qui entrave votre épanouissement individuel.
Mener votre barque à deux ? Pourquoi pas, pourvu que votre
moitié ne vous bouscule pas trop dans vos habitudes de solitaire
endurci(e). Rassurez-vous : il doit bien y avoir un mâle ou une
femelle Yéti quelque part pour vous.

Vous avez entre 11 et 20 points :
C'est avec lucidité que vous évaluez les limites des joies familiales. Ce ne sont pas quelques vieilles photos qui vont vous mettre la larme à l'œil, et l'émotion ne vous submerge pas quand on vous présente le dernier-né de votre tribu. Vous préférez miser sur une histoire à deux qui n'empêchera pas votre progression personnelle, car bien que vous ne soyez pas franchement hostile à l'idée de famille, vous restez convaincu(e) que la solitude est notre lot commun. Plutôt du genre épicurien, vous cherchez à satisfaire votre plaisir et acceptez avec enthousiasme une compagnie restreinte mais de qualité. Entre un dîner aux chandelles et une « raclette party » avec vos sept neveux et nièces braillards, votre cœur n'hésite pas une seconde.

Vous avez entre 21 et 35 points :
Pour vous, c'est clair : la vie ne vaut d'être vécue qu'en famille. Avancer seul(e) est trop déprimant et ce n'est qu'en construisant une famille que vous comptez donner un sens à votre vie. Cependant, votre sens familial s'arrête au nombre de places disponibles dans votre camping-car. Vous adorez préparer des platées de pâtes bolognaises le samedi soir, faire des pique-niques les dimanches de printemps et jouer au Monopoly avec vos enfants les après-midi pluvieux, mais vous redoutez un peu les grandes réunions familiales, coincé(e) entre une arrière-grand-tante acariâtre et un bisaïeul réactionnaire.

Vous avez entre 36 et 45 points :
Champion (ne) poids lourd de la catégorie smala, vous aimez plus que tout les grandes tablées familiales. Vous vous sentez à l'abri au milieu des vôtres et connaissez sur le bout des doigts les prénoms et les dates d'anniversaire de vos trente-deux neveux et vingt-cinq cousins. Vous détestez être seul(e) et vous concevez votre vie comme un maillon de la chaîne généalogique. Vous ne ratez jamais ni un mariage ni un baptême. Rien ne vous bouleverse plus que les pleurs d'un nouveau-né ou la fragilité des anciens. On vous trouve parfois assommant(e) avec votre idéalisme familial, mais on sait apprécier votre générosité à toute épreuve.

Remarque : Ce test est réalisé à la 3ᵉ personne du singulier de politesse « usted ». Les pronoms compléments, réfléchis et possessifs qui correspondent au pronom sujet « usted » sont les mêmes que pour la 3ᵉ personne du singulier « él ». Au pluriel,

« usted » devient « ustedes » et les pronoms qui l'accompagnent sont les mêmes que pour le pronom sujet « ellos ».

Ex. : Sus padres son insoportables. *Vos parents sont insupportables.*

Ex. : Ustedes no deberían casarse. *Vous ne devriez pas vous marier.*

Ex. : Ya no le hablo. *Je ne vous parle plus.*

Index des notions grammaticales

Les prépositions .... Ch. 1
La phrase interrogative .... Ch. 1
Ser / estar .... Ch. 2
L'impératif, l'impératif négatif (la défense) .... Ch. 3
Le subjonctif présent .... Ch. 4
Le subjonctif imparfait .... Ch. 4
L'heure .... Ch. 5
Le passé simple, le passé composé, l'imparfait .... Ch. 6
Les adverbes de temps .... Ch. 6
Les adjectifs et les pronoms démonstratifs .... Ch. 7
Les pronoms relatifs .... Ch. 7
La traduction de *on* .... Ch. 8
La négation .... Ch. 8
Les tournures de l'obligation .... Ch. 8
L'aspect de l'action .... Ch. 9
Les tournures progressives .... Ch. 9
Les pronoms personnels sujets et compléments .... Ch. 10

862

Composition PCA – 44400 Rezé
Achevé d'imprimer en France par Aubin
en février 2008 pour le compte de E.J.L.
87, quai Panhard-et-Levassor, 75013 Paris
Dépôt légal février 2008
EAN 9782290007822

Diffusion France et étranger : Flammarion